하와이, 멕시코, 남미로의 한인 이민

하와이, 멕시코, 남미로의 한인 이민

초판 1쇄 발행 2017년 8월 14일

저 자 ㅣ 강건영
발행인 ㅣ 윤관백
발행처 ㅣ 도서출판 선인

등록 ㅣ 제5-77호(1998.11.4)
주소 ㅣ 서울시 마포구 마포대로 4다길 4(마포동 324-1) 곳마루 B/D 1층
전화 ㅣ 02)718-6252 / 6257
팩스 ㅣ 02)718-6253
E-mail ㅣ sunin72@chol.com
Homepage ㅣ www.suninbook.com

정가 20,000원
ISBN 979-11-6068-110-9 03910

· 잘못된 책은 바꿔 드립니다.

하와이, 멕시코, 남미로의 한인 이민

The Korean Immigration to
Hawaii, Mexico and South America

강건영 저

『중국, 중앙아시아, 극동 러시아에 기행』에 이어, 2014년 1월부터 중남미 멕시코 및 미국 하와이를 각각 두 번 방문하고, '한인 이민사'에 대한 조사를 실시했다. 2012년 3월부터 시작한 이 긴 여행을 통하여, 110여 년 전에 조국을 떠나 이민을 간 아시아나 미주 여러 나라의 한인계 후손들 중에 하와이 이민사 연구자나 멕시코 이민사 박물관 관장과 같이 뛰어난 여성 지식인이 있다는 것을 알게 되었고, 깊은 감명을 받았다. 이것은, 106년 전 하와이로 건너 간 사진신부들과 같은 역할과 임무를 담당하고 있는 것이다.

본서에서는, '하와이, 멕시코, 남미로의 한인 이민사'에 대하여 쓴 논문을 중심으로 34편을 게재했다. 그 중 두 편은 한반도에 많은 공헌을 한 구미의 선교사에 관한 것이다.

한인의 해외 이주자는 2011년 통계로 175개국 726만 명에 이르고 있으며, 국가로서는 이스라엘, 아일랜드, 이탈리아에 이어 세계 네 번째가 된다.

한인의 해외 이주는 150여 년 전으로 거슬러 올라간다. 1860년대, 기근과 부패한 관리의 폭정을 피해 조선인들은 고향을 떠나 청나라(만주)나 러시아(연해주)땅으로 건너가 농사일을 시작했다. 20세기에 들어서는 서구로 이주 범위가 확대됐다. 사탕수수 농장에 취직하기 위해 121명의 한인이 1902년 12월 인천 제물포항을 출발, 다음 해 1월에 97명만이 하와이 이민자로서 상륙할 수 있었다. 이것이 현재 가장 오래된 한국인의 공식적인 이민기록이다. 1905년 2월에 멕시코로 이주한 1,014명의 한인은 선인장의 일종인 애니깽(에네켄, Henequen)을 수확하는 노동자로 일했다.

일제 강점기에도 간도(중국 길림성)나 만주·연해주 등지로 대규모 이주를 했다.

연해주 정주 한인은 1937년, 소련 정부에 의해 강제로 중앙아시아로 이주당해 '고려인'으로 사는 고난을 겪었다. 1920년대, 일본은 제1차 세계대전의 전승국으로 경제 호황을 누렸고, 한편 조선인들은 돈을 벌기 위해서 일본으로 출발했다. 1932년, 일본이 만주국을 만들면서 조선인들은 대규모로 이주시키는 일도 있었다. 1937년의 중일전쟁, 1941년의 태평양전쟁 이후에는 수많은 조선인이 광산이나 전장에 강제적으로 연행되기도 했다.

1945년 해방 후, 한국 정부가 이민 정책을 수립한 1962년 전까지는 해외 양자 결연이나 미국인과의 결혼, 유학 등이 주였으며, 주된 행선지는 미국이나 캐나다였다. 1965년 미국이 이민법을 개정하여 아시아인에게도 이민의 문을 열면서 이민은 한층 더 활성화 되었다. 1962년 이후는 유럽이나 중남미로 가기 시작했다. 1963년부터는 브라질·아르헨티나·파라과이·볼리비아 등 남미로 많은 농업 이민자가 갔다. 유럽에서는 독일이 주된 이주 거점이 되어, 1963~1977년 동안 약 5,300명의 광부와 1만여 명의 간호사가 서독으로 향했다.

1997년의 IMF외환위기 후에는 캐나다·호주·뉴질랜드·동남아시아로 가는 '경제 이주'가 등장했다. 고학력 전문기술직 종사자를 우대하는, 이러한 나라에 고용 불안을 가진 30대 이상의 가장들이 나라를 떠났던 것이다. 2000년대에 들어와서는 동남아시아나 중국으로의 이주가 눈에 띈다. 최근의 이민 상황은 과거와는 완전히 달라, 많은 사람이 한국에서의 경력과 자금을 바탕으로, 사업이나 투자를 하기 위해서 해외에 관심을 가지고 있다. 20세기의 130여 년간에는 식민지 지배나 전쟁 등으로 빈곤을 피해 쫓기듯이 고향을 떠났으나, 지금은 개인의 전문성을 발휘하거나 인생의 여가를 찾아내기 위한 이주가 증가하고 있다.

나는 2016년 1월과 3월에 하와이 호놀룰루를 방문하여, 키아모크거리에서 한글 간판을 찾아서 걸었다. 호놀룰루에는 한글로 쓰인 간판을 많이 볼 수 있는 길거리가 있지만, 오사카 이쿠노구의 코리아타운과 비교할 수 있을 정도의 규모는 아니었다.

현재 하와이에 거주하면서 스스로를 한국인이라고 칭하고 있는 사람의 대부분은,

한반도에서 대한민국이 수립되고 나서 이민해 온 사람들 혹은 그 자손이 많다. 1965년 이후, 한국으로부터의 이민이 급증하고 나서이다.

특히 멕시코에서는 한인 후손들 중에 조상을 존경하고, 조국과의 연결을 강하게 바라고 있는 자가 많이 있다는 것을 알았다. 이 현상은 경제발전을 이룬 한국 정부의 경제적 원조나 전통 문화의 선전 및 한인회나 기독교회, 이민사 박물관을 통한 계몽 운동에 의한 것일 것이다.

하와이에서는 4명의 전문가, 멕시코에서는 7명의 지식인들과 인터뷰를 실시할 수 있었던 것이 큰 수확이었다.

본서 출판에 임하여, 제목의 영어번역을 해주신 미국의 Don Lee 목사, '추천의 말'을 써주신 불문학자 이즈미 토시오 선생님, 그리고 원고 교정을 부탁한 리츠메이칸 대학교 객원연구원 김현태 씨, 니시하라 미츠오 씨, 장기간 본문을 게재해 주신 『Korea Today』지 편집·발행인 나가오 유타카 씨, 그리고 서울의 출판사 '도서출판 선인'의 윤관백 사장님께 진심으로 감사의 뜻을 표하는 바이다.

2017년 4월 길일
오사카시 히라노구의 우거에서
강건영

| 추천사 |

  저자는 오래전부터 해외로 이주한 한국인들의 활동 모습, 또 이주한 사람들이 조국에 대해 갖는 의식에 주목해 왔다. 언제나 멈추지 않는 열정으로 직접 현지 조사를 통해 이민사의 한 풍경을 생생하게 전하고 있다.

  앞서 출간한 저서에서는 중앙아시아 등 아득한 곳에 사는 고려인의 눈부신 활동을 탐구했다. 저자는 여기서 멈추지 않고 그의 발걸음은 또다시 더 먼 곳으로 이동하고 있다. 이 책에서는 주로 하와이 이민 및 멕시코, 라틴 아메리카, 북미 등을 대상으로, 이민의 역사와 조선·한국인의 활동 모습을 기록하고 있다. 실로 저자의 이러한 노력은 장대한 이민 역사의 검증이라고 말할 수 있다.

  하와이 이민의 시작은 20세기 초로 볼 수 있다. 이민이 시작된 이유는 무엇인가. 1800년대 말의 경제적 이유 또 당시의 일본의 압력에 의해 피폐해진 사람들이 본국을 떠나 먼 곳을 찾아 이동하지 않을 수 없는 상황에 처하면서라고 할 수 있다.

  1903년 제1차 이민자 93명이 호놀룰루에 도착했다. 그 후, 이민자 총수는 7,226명에 이르렀다. 그러나 그렇게 둥지를 튼 이민의 삶은 곤궁하기만 했다. 현지에서는 노예와 같은 대우를 받았고, 그 후 이민 정책은 일본 총독부에 의해 1905년에 중지되었다.

  한편, 당시로서는 매우 따뜻한 미국의 시책이 이뤄졌다. 그 시책에 의해 이민 노동자를 향한 걸음의 하나로 1910년에 '사진신부'가 보내지게 된다. 이후 14년간에 걸쳐 1,044명의 사진신부가 하와이로 건너갔고, 그것이 그곳에서 하나의 가정을 이루는 원동력이 되었다. 그러나 황화론이 일어났고, 황색 인종에 대한 배척이 시작된다. 1924년 아시아인의 이민이 금지되었다.

해외에 있는 한국인은 민족의식이 강했고, 특히 미국 내의 한국인들은 경이적인 민족 운동을 추진했다. 각지에 학교나 교회를 설립하고 서로 마음을 합하는 공동체가 이뤄지기 시작했다. 또 안창호, 서재필 등 망명 정치가의 지도 아래 일본의 식민지로부터 조국을 해방시키려는 활동이 전개됐다. 이러한 운동은 다시 한 번 조명돼야 할 일들이다.

멕시코 이민은 을사조약(1905년 일본이 한국의 외교권을 박탈하기 위해 강제로 체결한 조약)에 의해 1,014명이 멕시코에 도착하면서 시작됐다. 이민은 에네켄(애니깽)의 잎을 절단하여 섬유를 추출하는 일이 대부분이었다. 이 노동은 육체적으로 힘들고 낮은 임금으로 고통을 주었다.

그들은 일을 포기하고 귀국하고 싶어 했지만, 조국은 일본의 가혹한 지배하에 있었기 때문에 단념하지 않을 수 없었던 상황이었다. 그러나 1919년에는 이미 메리다에 '대한민국 국민회의'의 지방회를 설립, 조국의 독립운동 자금을 모금해 송금하고 학교를 설립하는 등 사회적 기반을 정돈하고 있었다.

그 후, 한국인은 멕시코 전 국토로 흩어졌다. 의사·변호사·교수·사업가 등 전문직종에 종사하며 눈부시게 활약하고 있다. 2005년에는 메리다에 '이민 100주년 기념탑'이 세워졌다. 멕시코시에는 3층 건물의 복합문화 시설 내에 한국 문화원이 2012년에 세워졌다.

힘겨운 시대 속에서 자신 또는 자손의 장래를 위해 희망을 품고 먼 나라로 건너가 온갖 힘든 삶을 살아온 사람들의 역사를 전승해야 한다. 그 때문에 한국은 1900년부터 100년간에 세계 각국에 건너간 이민의 역사를 더듬는 훌륭한 한국 이민사 박물관을 인천에 설립하고 있다.

「하와이 이민사 (12)」를 읽고, 부인들의 활약모습에 감복했다. 하와이 대학교 교육학부를 졸업, 주로 역사를 연구하고 있는 로바타 장 여사는 역사적 자료를 제공하여 한국 이민사 박물관에서 표창했다고 한다. 하와이대학교 사회복지학부를 졸업하고 교육계에 근무한 후, 농장 경영을 하고 있는 릴리 한 카비나탄 여사는 '나는 조모가 하와이 사회나 타지에서 약자를 돕는 일로 항상 싸우고 있던 모습을 아주 좋아했습니다'라고 말하고 있다. 이민 2세의 존 리 씨(89세)는 루이지애나 주립대학교에서 석사학위를 취득한 후, 고등학교 체육 교사를 하였다. 메리 지엔 리 여사(이민 2세, 91세)는 스페인인과의 혼혈 여성으로 콜롬비아대학교 사회복지 수학사 학위를 취득한 후, 행정관으로서 근무하고 있었다. 리 여사는 '하와이의 한인들은 수많은 리더들을 배출하고 있습니다'라고 말하고 있다.

해외 이주에 관해 우리가 간과할 수 없는 것은, 1910년 이래, 총독부의 '토지 조사 사업' 등에 의해 토지를 수탈당한 조선·한국의 사람들이 일본으로 이주해 왔다는 것이다. 고난의 생애를 보내며 현재 각계에서 활약하고 있는 자손을 육성한 것이다.

우리는 그들 1세대의 고난을 잊어서는 안 된다. 이상과 같이 한국의 이민은 해외 각지에 진출, 고난을 넘어서 현지인들의 신뢰와 평가를 획득했다. 그러면서 조국애를 바탕으로 당당하게 활동하고 있다. 본서는 한국 이민이 자랑해야 할 역사와 활약상을 상세히 묘사하고 있다고 말할 수 있다.

2017년 4월
고베 여자학원대학교 명예교수, 불문학자
이즈미 토시오

목차

제2장 멕시코 이민사

제5장 하와이의 일본계, 한인 이민과 구미선교사

─제1장─

하와이 이민사

1. 하와이 이민 역사

하와이의 사탕수수 농장 이민사는, 하와이라고 하는 일부 지역에만 머무르지 않고 세계로 펼쳐지는 코리안 디아스포라(이산)의 역사로서 새로운 숨결을 불어내고 있다.

1_ 최초의 이민

조선과 미국의 외교 관계는 1882년의 조미 수호 통상조약(다음 해 비준)에 의해서 시작되어 1903년 1월 13일에는 조선으로부터 미국으로 최초의 이민자 121명 중 97명이 하와이에 도착했다. 제1기 하와이 이민은 한국 내의 미국계 기독교회에 의해서 조직되었기에 크리스천이 대부분이었고, 일본계 외국인과 같이 대부분 사탕수수 농장에서 일했다. 그러나 1905년에 일본이 대한제국의 외교권을 장악하면서 미국으로의 이민에 규제가 생겨, 집단 이민이 중단되었다. 이 시기에 약 7천 명이 하와이로 이주했고 대부분이 남성 노동자였다. 다만, 1924년까지 사진 맞선(Picture Bride)에 의해 약 1,000명의 여성이 개별적으로 미국으로 도항했다. 영남 출신의 신부 951명이 하와이로 건너갔고, 북한 출신 신부 105명이 상하이 경유로 미국 본토에 건너갔다.

1904년부터 1907년에 걸쳐 약 1,000명의 한인이 하와이로부터 샌프란시스코로 건너가, 이민의 물결은 미국 본토로 퍼졌다. 1909년에는 샌프란시스코에서 최초의 한국인 정치조직인 한인협회가 설립되어 이후 일본 지배에 저항하는 독립운동의 핵심을 이루었다.

2_ 사탕수수 농장으로

한반도로부터의 하와이 이민의 시작은, 1900년 1월 15일에 상륙한 2명이었으나 그들은 고려인삼을 파는 상인이었다. 당시 하와이의 사탕수수 농장은 노동력 부족으로 중국인이나 일본인을 노예 수준의 노동 조건으로 고용하고 있었다. 거기에 한인 노동자가 들어가게 되었던 것이다. 한인 노동자의 수용을 기획한 하와이 사탕수수 재배 협회의 요청에 의해 1902년 8월, 고종은 민영환을 총재로 하는 수민원을 설립하여 하와이 이민 사업을 적극적으로 추진하는 정책을 취해, 서울·인천·부산·원산 등에서 이주자를 모집했으나 반응은 미더웠다. 그 때문에 '하와이는 지상의 낙원' '매월 15달러의 수입을 보장' 등의 광고를 내고, 한편에서는 미국인 목사가 한인 신도를 열심히 설득하여 권유한 적도 있었고, 같은 해 12월, 수민원 총재 민영환 등의 환송을 받아 한국사상 첫 공식 이민선이 제물포(현재의 인천항)에서 하와이를 향해 출발했다. 이민선은 고베에 도착해 다시 한 번 신체검사를 받아 질병이 있다고 진단된 20명이 내려진 후, 몹시 건장한 청년 등 101명이 태평양을 횡단했다. 20여 일간의 항해를 거친 이주자들은 1903년 1월 13일 호놀룰루에 도착하였지만, 도착지에서의 신체검사로 4명의 입국이 허가되지 않았고, 나머지 97명이 하와이의 흙을 밟을 수 있었다. 이후 하와이 한인 사회는 이 날을 선조숭모의 날로서 기념하게 되었다. 하와이 이민단 중에서 신체검사로 도중 하선하게 된 질병의 일부는 눈이 붉어지는 trachoma 안염이 의심된다고도 한다.

이것을 기회로 노동 이민이 계속되어 1903년에 10척으로 1,133명, 1904년에 33척으로 3,434명, 1905년에 16척으로 2,659명, 3년간 65척의 이민선으로 7,226명이 하와이로 이민했다. 남자가 6,048명, 부녀자가 637명, 아이가 541명이었다. 이러한 한인 노동자의 출현에 먼저 이주해 있던 일본인 노동자가 위협을 느껴, 한인 노동자 유입을 저지하고 일본인 노동자의 유입을 강화하게 되어 한인 이민은 중단되었다.

사탕수수밭에서의 노동은 가혹하여 매일 10시간 이상의 중노동과 정신적 고통 등으로 병이 나는 사람도 속출했다. 1일 임금은 69센트였다. 이러한 사탕수수 농장의 노동 생활에 실망하고 의욕을 잃어 964명이 귀국하는 한편, 1905년부터 1907년 사이에 1,003명이 미국 본토의 캘리포니아로 이주하여 샌프란시스코나 로스앤젤레스에서 새로운 생활을 찾아갔다. 한편, 술과 도박에 빠져 몸을 망치는 사람도 있었다.

사탕수수 농장의 경영자는 정서가 불안정한 노동자 중에서 독신자가 많음을 눈치 채고, 그들을 안정시켜 일의 능률을 높이기 위해서 결혼을 장려했다. 그러나 하와이에는 동양인 여성이 매우 적었고, 그렇다고 해서 백인 여성 등은 우월 의식으로 동양인과 결혼하려 하지 않았다. 그러한 이유로 고국의 여성과 사진을 서로 교환하고, 마음에 들면 결혼한다고 하는 '사진결혼'이 성행했다. '사진신부' 제1호가 1910년 12월에 탄생하여, 호놀룰루에 도착했다. 미국 정부도 그러한 사진신부의 동양인 여성에게 영주권을 부여해, 한국으로부터의 이민의 길이 막힌 후 이 사진결혼 제도는 유일한 이민 형태가 되어, 1924년 5월에 「동양인 배척 법안」이 통과할 때까지 14년간 계속되었다.

3_ 하와이 이민에 대한 평가

최근 하와이의 코리아계 이민 역사는, 완전히 다른 맥락으로 주목을 받게 되었다. 하와이의 코리아계 이민은, 2003년에 이민 100주년을 맞이하여 이를 기념해 개최된 일련의 기념식전으로 다음과 같은 이야기가 전개됐다. "1903년 1월 13일은 모든 코리안에게 있어서 상징적인 일이다. (중략) 이 날은 코리안이 글로벌 커뮤니티의 일원으로 탄생한 날을 의미한다."

또, 이 때 출석한 한국 정부의 대표자도 "우리의 조상을 높게 평가하는 날이 왔다. 오늘, 온 세상에 300만 명의 자랑스러운 코리안들이 존재한다"고, 코리안을 뿌리로 하는 한국 및 세계의 코리안 이민의 '코리안 아이덴티티'를 드높이 구가하고 있다.

문헌〉

1) 정경수, 『세계의 한민족 – 중남미』(세계의 한민족 6), 통일원, 2005.

2) 「한국계 미국인」, Wikipedia, 2015.

3) 이리화, 「하와이·코리아계 이민의 아이덴테이테이에 관한 역사 사회학적 연구 1903-1945」, 히토쓰바시 대학 기관 리포지터리, 2011.

(2017.1.22)

2. 하와이로부터 미주에의 이주와 코리안 타운

하와이 한인 이민은 20세기 초 이래 계속되었다. 그 피크는 2기로 나눌 수 있어 제1기는 1903년으로, 제2기는 1965년이었다. 2016년 1월 16일, 나는 하와이의 호놀룰루를 방문하여, 초기 이민선이 도착한 항구, 기독교회나 코리안 타운 등을 찾아 다녔다.

조지 부시 미 대통령은 2003년 1월 13일, 한인의 미국 이민 100주년을 기념하여, 한국계 미국인이 미국에 공헌한 실적을 칭찬하는 특별한 선언서를 작성했다.

1_ 미국으로의 이민 목적

최초의 한인 이민자가 미국으로 이주한 것은 1903~1905년이다. 당시 초기 이민의 상당수는 한국의 선교사들과 계약을 맺고 있었다. 서양 문화를 지향하는 한국 지식인들의 미주 이민이 조국의 근대화에 도움이 된다고 생각되었다. 계속해서 하와이 사탕수수 농장 협회(HSDA)가 하와이에서 일할 노동자를 모집했으나, 데이빗 데슬러(David Deshler)는 한국 사회의 각층의 사람들을 모으는 데 고생은 하지 않았다고 말한다.

데슬러는 하와이 농장에서 일하는 일본인 노동자들이 농장주에 대해 파업을 일으키고 있었기에, 그 파업을 피하려고 한인을 넣었다고 한다. 미국 실업가들은, 호러스 알렌(Horace Allen)과 데슬러와 공모하여 일본인 노동자의 파업 문제를 해결하기 위해 미국 이민법을 뒤집으려고 했다.

다수의 한인들은 1903~1905년에 하와이에 왔으나, 한국에서 하와이에 올 때까지의 승선료 지불이 법률에 위반하고 사기에 걸릴 수가 있었다. 한인들은 농장으로부터 승선료를 반환하도록 강요당했다.

많은 이민자들은 하와이에서의 대우가 좋지 않아, 캘리포니아로 이주해 갔다.

2_ 새로운 희망과 고난 그리고 장벽 시대

100년간, 미국에서의 한인 인구는 약 7천 명에서 2백만 명으로 확대되었다.

한국에서 최초의 해외 이민은 고종(조선 26대 왕, 1852~1919) 때에 실시되었다. 미국인 선교사들은 고종 시기, 한국에서의 기독교 전도의 길을 찾아내어 한국에서의 기독교 포교에 중요한 역할을 완수하였다. 선교사이며 외교관이기도 한 호러스 알렌은 미국과 구한말의 통상조약 체결에 큰 역할을 수행했다. 선교사들은 기독교뿐만 아니라 자본주의, 서양의 교육과 서양의 문화를 한국에 전파했다. 그리고 많은 이민자들은 기독교로 개종했다. 당시, 한국의 개신교파의 전도는 감리교나 장로교였고, 상당히 열성적이었다. 두 개의 개신교들은 전도 활동이 타 종파와 겹치지 않도록 하였다. 그들은 하와이의 감리교(Methodist) 파가 하와이 한인 이민자들에 대해 전도활동을 하는 데 동의했다.

3_ 미국과의 전쟁

1882년 5월, 조선은 미국과 첫 조약을 맺는다. 그 조약에 앞서 양국 간에 피의 교전이었던 '작은 전쟁'이 있었다. 미국 역사에는 거의 알려지지 않은 이 에피소드는, 중무장한 미국 함선 콜로라도호가 조선 해역에 침입하여 강화도에 군인을 상륙시켰던 것에서 시작된다. 전투가 벌어져, 300명 이상의 조선군과 3명의 미군이 전사한다. 미국은 그 후 1882년에 양국 간 우호와 무역에 관한 조약을 체결시켰다. 이 조약에는 조선인의 미국 이민을 허락하는 조항이 포함되어 있었다.

4_ 1903년 이전의 이민

하와이의 역사 통계에 의하면, 1902년에 16명의 한인이 하와이 영내에 있던 것을 알 수 있다. 그 중의 몇 사람은 고려인삼 상인으로 중국여권을 가지고 변장하여 입국해 있었다. 고려인삼 상인 중 한 명인 영 씨는 하와이에 온 후 1898년경 샌프란시스코로 이주했다. 그는 한인사회에서 활약하여 이름을 알리고 102세까지 살았다. 다른 많은 이민자 중에서는 하와이 순회재판소나 호놀룰루 경찰서에서 통역관으로서 일했던 장 씨가 있는데, 그는 1949년에 타계했다.

5_ 하와이 한인 이민자 중 유명인

4명을 든다면 필립 제이슨(1866~1951), 이승만(1875~1965), 안창호(1878~1938), 박용만(1928) 등이 있고, 그 밖에 아래와 같은 인재가 있다.

다니엘 Kim(1968년생) – 배우 / 해리 Kim – 시장 / 로날드 Moon(1940년생) – 하와이주 대법원장 / 미셸 Wie(1989년생) – 여자 프로 골퍼 등.

6_ 코리아타운

한국의 상점은 호놀룰루의 Keeaumoku 거리에 집중되어 있어, 'Koreamoku'라는 닉네임으로 불리고 있었다. 그 명칭은 코리아타운(Korea Town)으로 공식 인정되지는 않지만, 과거 수십 년간 하와이주 정부에 의해서 코리아타운이라고 구전되어 왔다.

현재 하와이에 거주하여 스스로를 한국인이라고 생각하는 사람의 대부분은 일본의 패전 후에 왔다. 한반도에 대한민국이 수립되고 나서 이민 온 사람들 혹은 그 자손들이다.

하와이의 코리안 지도를 대폭 고쳐 쓸 수 있는 것은, 1965년 이후 한국으로부터의 이민이 급증하고 나서이다. 그때까지 코리안이라는 말을 듣는 일조차 별로 없었으며, 코리안 바(술집)의 확대에 의해 일상적으로 듣는 빈도가 변해 갔다고 한다.

그러나 일본계 외국인과 비교하면 한국계의 수는 약간 적은 것 같았다. 또, 호놀룰루에는 한글로 쓰인 간판을 많이 볼 수 있는 거리는 있으나, 코리안 타운이라고 할 정도의 규모는 아니라고 생각되었다.

문헌〉

1)「Korean Immigration to Hawaii」, Wikipedia, 2015.11.

(2017.1.6)

3. 사진신부 (1)

- 미주로의 이민-

1_ 미국 한인 이민의 시작

미국으로의 한민족 이민은 1903년 1월 13일, 하와이에 도착한 이주자들로부터 시작된다. 조선 왕조 고종(재위 1863~1907) 시대에 신천지를 꿈꾸며 인천항에서 미국의 상선 겔릭(Gaelic)호에 탑승한 102명이 그 시작이다. 그 이후, 단계적으로 이민의 수는 증가해 현재 미국에는 약 180만 명의 재미 코리안들이 살고 있다.

그들을 시대구분 할 때, 일반적으로 4개의 기간으로 나눌 수 있다. 제1기는 1903~1905년으로, 하와이의 사탕수수밭에서 노동자로 일하는 젊은이가 중심이었다. 제2기는 1912~1924년으로, 사탕수수밭에서 노동자들과 결혼하기 위해서 건너간 사진신부들이 중심을 이루었다. 제3기는 1947~1967년으로, 미군과 결혼해, 남편의 귀국 발령에 따라 하와이로 이주한 '평화 부인'으로 불리는 사람들이나 유학생, 한국 전쟁으로 생겨난 고아들이 중심이었다. 제4기는 그 이후의 시기를 가리켜, 이민의 연령층은 다양하다. 제4기는 자유 이민으로 불리는 이민의 물결로, 1965년 미국에서 행해진 이민법 개정의 영향을 받았다. 1970년대 베트남 전쟁 외에, 근래에는 1997년의 경제위기가 큰 발단이 되었다.

2_ 하와이 이민

19세기 말, 하와이의 농장에서 다수의 중국인과 일본인이 일하고 있었으나 열악한 처우 때문에 이탈하는 사람이 끊이지 않았다. 일손 부족에 직면한 농장주가 대리 노동력의 공급을 의뢰한 것은 선교사인 주한미국공사의 호러스 N. 알렌이었다.

알렌은 고종 국왕에게 말했다. '하와이는 태평양의 낙원이며, 일하러 가면 편안하게 큰돈을 벌 수 있다'고. 이민 모집이 개시되어 기념해야 할 첫배에 탑승한 102명 중 97명이 호놀룰루에 도착한 것은 1903년 1월이었다. 그들의 가슴은 2, 3년 안에 큰돈을 손에 넣어 귀국하는 꿈에 부풀어 있었다.

그런데 현지에서 그들을 기다리고 있던 것은 노예 같은 학대였다. 무더운 날씨의 사탕수수밭에서 아침 5시부터 일몰까지의 중노동. 잠시 쉬면 가차 없이 인부머리 위로 채찍이 날아들었다. 녹초가 된 몸을 뉠 수 있는 곳은 텐트와 같은 막사, 그들은 허술한 저녁 식사를 하고 담요 한 장을 몸에 감싸 진흙덩이처럼 잠에 떨어졌다.

그러한 참상이 본국에 전해져 갔기 때문에 이민 정책은 1905년에 중지되었다. 3년간 하와이로 이민한 사람들의 총수는 7,226명이다.

그 후 도미한 것은 극히 소수의 유학생이나 정치적 망명자 등으로 한정되었으나, 독특한 존재로서 '사진신부'를 경시할 수 없다.

이민의 대부분은 젊은 남성이었기 때문에, 결혼상대를 얻는 것은 심각한 고민이 되었다. 거기에서 고안된 것이 사진에 의한 맞선이었다.

3_ 사진신부의 이민

최초의 한국 이민자들이 하와이에 오고 나서 약 10년 후, 하와이로 온 것은 다수의 사진신부였다. 이민 노동자들은 한국의 중개자(matchmaker)에게 그들의 사진을 보냈다. 그 사진을 보고, 젊은 여성과 적합한 상대를 선택하기 위해 여성의 가족과 중개자는 협의를 했다. 그리고 사진신부들이 새로운 남편과의 결혼 계약을 작성한 서류들은 그녀들이 하와이에 상륙한 후 법적 처리를 위해 보내졌다. 이민 노동자의 상당수는 그들이 하와이로 이주한 후에 찍은 얼굴 사진을 가지고 있지 않았고, 사진

촬영비도 꽤 비쌌기 때문에 그들의 상당수는 '한국의 중개자'에게 낡은 사진을 보냈다. 따라서 그것들은 실제보다 젊을 때의 사진이고, 게다가 어느 정도의 수정도 된 상태였다. 사진신부가 하와이에 도착해 실제와 다름을 발견해도 '불만과 정당한 항의'는 결국 무시되었고, 그녀들 스스로가 '어쩔 수 없는 운명'으로 받아들였던 것이다.

사진신부(하와이)

최초의 사진신부가 결혼식을 올린 것은 1910년 12월이다. 이후, 14년간에 걸쳐 온 여성들은 1,044명에 달했다. 여성들 중에는 동경하던 미국에 살게 되어 환희하는 사람도 있었으나, 배를 마중 나온 남성이 예상보다 나이가 많은 탓에 '사진과 다르다!'라며 울부짖는 사람도 있었다.

여하튼, 한 번 신혼 생활에 들어간 그녀들은 남편을 지지할 뿐만 아니라, 오히려 남편에게 자극을 주어 보다 좋은 가정을 만드는 원동력이 되었다. 남편을 격려하며, 점차 농장으로부터 벗어나 캘리포니아주로 이주하고, 세탁소나 잡화점 등의 가게를 열어 생활 기반을 쌓아갔다.

그러나 미국에서는 20세기에 들어가, 급증하는 이민에 대한 규제가 현저하게 강화되어 갔다. 1905년에 러일전쟁이 일어난 후에는, '옐로우 페릴'(노랑화론)로 불리는 황색 인종에 대한 배외주의가 확대됐다. 그리하여 마침내 1924년에, 아시아인의 이민을 금지하기에 이르렀다.

4_ 민족 운동

민족의식이 높은 한국인은 미국에서도 경이적인 민족 운동을 추진했다. 각지에 학교나 교회를 설립하여 단결을 굳혔다.

또 안창호, 서재필 등의 망명 정치가의 지도 아래, 일본의 식민지로부터 조국을 해방하고자 하는 활동을 전개했다. 1941년의 진주만 공격을 계기로 미국이 제2차 세계대전에 참전하면서, 한인은 군인이나 후방부대로서 적극적으로 미국을 지원했다.

5_ 전쟁 신부와 양자

대전 후 예의적으로 이민이 급증한 것은 1950년에 한국전쟁이 발발한 이후의 일이다. 한국에 파견된 미군 병사가 한국인 여성과 결혼해 데리고 돌아간 '전쟁 신부'가 6,423명, 미국인이 양자로 입양한 전쟁고아가 5,348명, 그 외 유학생이나 연수생 등이 3,278명, 합계 1만 5,419명이다.

전쟁 신부나 고아 중에는 물론 행복한 인생을 보낸 사람들도 있지만, 세월이 흐름에 따라 이혼이나 가정 붕괴라는 슬픔에 싸이게 된 사람들도 무수하다고 한다.

6_ 뉴올리언즈에서의 전쟁 신부

1974~1975년, 내가 연구생활을 보낸 루이지애나주 뉴올리언스에서 많은 전쟁 신부를 만났다. 그 중에는 지적이며 상냥한 중노년의 미군과 맺어진 여성들도 있었으나, 맥주 캔에 둘러싸여 붉은 얼굴을 한 알콜 중독의 미군 남편을 시중들면서 Don Lee 목사 댁을 방문하는 전쟁 신부도 있었다. 그런데도 그녀들은 이 도시의 침례 코리아교회를 기점으로 서로 본명을 부르면서 친목과 단결을 도모하고 있었다.

현재 전미 각지에서 코리아타운을 구축한 재미 한국인의 역사가 존재한다. 거기에는 113년 이상에 걸친 파란만장한 이야기가 존재하고 있다는 것이다.

문헌〉

1) 「파란만장 재미 한국인의 역사」, 『산봉 넷』, 2011년 12월 3일.
2) 영상의 신부, Qwika-Picture Bride, 2015.

(2017.4.5)

4. 사진신부 (2)

—하와이에서의 이민 생활—

1910년부터 1924년까지 하와이주로 건너간 코리안 '사진신부'의 이동의 역사와 그 실태에 대해 논하기로 한다.

1_ 이주의 역사적 배경

코리안의 '사진결혼'은 1910년부터 본격화했다.

미국 하와이주에 있던 많은 한인 이민자 남성은 현지에서 신부를 찾지 못하고, 혼령기를 놓치고 있었다. 인종차별이 뿌리 깊었던 당시 미국사회 속에서 백인 여성과의 국제결혼은 상상도 할 수 없는 것이었다. 현지의 일본인이나 중국인 남성들과 달리, 민족과 동포에 대한 집착이 지극히 강했던 그들은 이인종·이민족과의 결혼을 좋아하지 않았던 측면도 있었다. 그들이 한반도의 고향으로 돌아와 신부와 식을 올리는 것은 경제면에서도, '태평양'이라고 하는 물리적 거리 면에서도 큰 부담이 되었다. 따라서 일본과 마찬가지로, 사진만을 통해서 호적에 올린 후에 신부를 가족의 일원으로 하와이로 불러오는 사진결혼이 남자들 사이에서 유행하게 된다.

코리안 신부의 인원 수에 관해서 '사진신부'는 약 700에서 1,000명 정도가 되고 그 중 90%가 하와이에, 나머지의 10%가 미국 본토로 건너갔다고 말해진다. 한편, 일본인 사진신부는 1만 명 이상 도미하여 그 약 반수가 샌프란시스코 등의 본토로 이동·정착한 것을 생각하면, 한일 간에 큰 차이가 있었다고 생각할 수 있다.

코리안의 하와이 이동의 시작은, 현지 사탕수수밭에 고용된 한인 남성 노동자가 태평양을 건너간 1902년으로 거슬러 올라간다.

1901년, 주한 미국 공사 알렌이 처음으로 하와이로의 노동자 파견을 대한제국에 요청했다. 먼저 이동해 온 중국인이나 일본인만으로는 부족한 노동력을 코리아의 사람들에 의하여 보충하려고 했던 것이다. 같은 시기 한반도에서는 홍수와 가뭄으로 기근 현상이 일어나고 있었기 때문에, 알렌의 제안에 적극적으로 응한 대한제국은 1902년에 '수민원'이라고 하는 정부 기관(일본의 외무성 여권과에 상당)을 설립하여 하와이 이민 희망자를 전국적으로 모집했다. 항구 인천에 이민 모집을 전문으로 하는 '동서 개발 회사'가 설립되어 하와이로의 이동이 본격화했다.

1902년 12월 22일, 최초의 121명이 인천을 출발해, 우선 일본의 나가사키에 도착하고 신체검사를 받는다. 102명 중 합격자 97명만이 다음 해의 1월 13일에 하와이 호놀룰루에 도착했다. 첫해 515명을 시작으로 1904년에는 1,884명, 1905년에는 4,892명 등, 합계 7,291명의 코리안이 총 64회에 걸쳐 하와이로 이동했다고 전해진다. 이 하와이로의 이동은 일본 식민지화에 의해 1905년에 일단 끝난다. 그것은 일본 측이 코리안의 하와이 이동을 금지했던 것이 주된 원인으로 알려져 있다.

코리안 '사진신부'가 1910년부터 하와이에 건너오게 된 구조적 요인은, 현지 코리안 사회에서의 '남녀의 수적 불균형'에 있다. 1905년 당시 하와이의 코리안 사회에서 여성은 10명 중 1명 정도였다. 이들 여성의 대부분이 기혼자이며, 독신 여성은 매우 적었다. 1910년의 경우, 재하와이 코리안은 합계 4,533명이었으며, 남성과 여성의 비율은 '6.5명에 1명' 정도였다고 한다.

2_ 신부들의 자라난 내력과 입국 심사

'사진신부'로서 하와이로 건너간 한반도의 여성들은 어떠한 배경의 소유자였는가? 하와이 현지의 한인 남성 대부분은 하류 계층의 출신자였다. 그러므로 그들의 교육 수준도 일부를 제외하면 매우 낮았다.

사진신부(하와이)

한편, 코리안 사진신부의 대부분은 농촌 출신자이며, 특히 경상남도의 출신자가 다수를 차지하고 있었다. 일정한 교육을 받은 사람도 포함되어 있는 사진신부가, 무학에 가까운 남성 이주자보다 지적수준이 높은 '배운 여성'이었다.

일본인 사진신부는 '사진결혼'이 시작되는 1903년부터 일본 정부에 의하여 금지되는 1924년까지이다. 이에 비해, 코리안 '사진신부'는 일본보다 7년 늦은 1910년부터 1924년까지였다. 한반도에서는 그녀들을 '사진신부'라 부르고 있었다.

코리안 사진신부의 도미 시의 연령에 대해서는, 10대 후반부터 20대 초반의 연령층이 대부분을 차지하고 있었다. 11세라고 하는 어린 신부도, 40세라고 하는 만혼의 여성도 동시에 존재하고 있었다. 남성이 실제로 30대에서 50대까지였다는 것을 생각하면, 많은 코리안 사진신부가 자기보다 배 이상 연상의 남성들과 결혼한 것이 된다.

하와이의 조선인 독신 남성들 중에는, 젊게 보이게 위해 십수 년 전에 찍은 사진을 한반도의 여성에게 보낸 사람이 많았다. 신부들은, 사진 한 장과 그 뒤에 적혀 있는 신랑 후보의 간단한 신상 정보만을 의지해 하와이까지 왔던 것이다. 그러나 하와이에서 기다리고 있던 남성은 사진보다 훨씬 연상의 남자이며, 꿈꾸고 있던 '미남자'가 아니었기 때문에, 그녀들은 완전히 속았다며 많이 실망했다고 한다.

이러한 신랑과 신부의 연령 차이에 의해서 다양한 문제가 생겨서 맺어진 커플은 그 이혼율이 매우 높았다. 또 고령의 남편이 요절하여, 사진신부는 젊어서 미망인이 되어 고생하는 경우가 많았다.

코리안 사진신부가 하와이까지 이동하는 과정은 다음과 같다. 우선, 그 여성은 서울에 있는 미국 영사관에 가서 비자를 얻고 신체검사를 받는다. 집에 돌아가서 영어 공부를 하고, 출발하는 당일 그녀는 마산까지 마차를 타고 간 다음, 거기서 배를 타고 부산까지 간다. 부산에서는 배를 타고 일본의 요코하마까지 이동한다. 그 후 그녀는 9일 간의 항해를 거쳐 겨우 호놀룰루의 이민 검역소에 도착한다. 하와이의 검역소에서는 최종적인 신체검사와 함께 영어 시험을 본다. 모든 수속을 끝낸 그 여성은 이민국 직원이 지켜보는 가운데 '기다리고 기다렸던' 사진 속의 남성과 만날 수 있었다.

3_ 코리안 커뮤니티의 형성

당시 '사진신부'에게 하와이 이미지는, '낙원'이며 '천국' 그 자체였다. 그녀들은 강제로 이주한 것이 아니고, 스스로의 의지로 결단했던 것이다. 그러나 하와이에 도착하고 나서 그녀들이 가지고 있던 이상(환상)과 현실(실망)과의 차이는 너무 크다는 것을 알게 되었다. 그녀들은 연상의 남편을 돌보면서 비참한 하와이 생활을 보내게 된다.

어릴 때에 고향을 떠난 그녀들은 임신과 출산에 대해 무지했다. 많은 '사진신부'들이 종종 임신으로 건강을 해쳐, 그 경제적 부담도 컸다고 한다. 산파를 부르거나 병원에 갈 돈이 없어, 많은 여성들이 출산 시에 의사의 진찰도 없이 죽어 갔다고 한다.

사탕수수밭의 독신 남성 상당수는 고생하여 얻은 임금을 술과 도박 등으로 다 써버리는 타락한 생활을 보내고 있었다. 그러나 '사진신부'의 도착에 의해, 그들은 '가정'이라고 하는 것을 가지게 되었고, 많은 부부는 호놀룰루와 같은 대도시로 재이동을 하여, 거기에서 새로운 직업과 인생을 모색하게 되었다. 그리고 일련의 과정을 거쳐 하와이에, 코리안들에 의한 '커뮤니티'가 서서히 형성되어 가게 된다. 거기에는,

'가정의 안전'과 '아이의 출산'을 담당하는 코리안 '사진신부'들이 크게 공헌한 것은 부정할 수 없는 사실이다.

4_ 독립운동과 부인회

어려운 생활 속에서도, '사진신부'의 또 하나의 일은 '조선의 독립운동'이었다. 당시의 하와이에는 이민 노동자 뿐만 아니라 망명한 민족 지도자도 많이 활동하여, 그들이 조직한 독립운동 단체도 몇 개인가 존재했다. 하와이의 경우, 만주나 연해주와는 달리 거리가 멀리 떨어져 있기 때문에 보다 활발히 독립운동을 펼칠 수 있었다. 무엇보다도 하와이는 '애국금'이라고 불리는 독립운동 자금을 확보하는 '거점'이기도 하였다.

이 '애국금' 모금운동의 중심적 역할을 담당한 것은 남성 노동자가 아니고, '사진신부'가 위주가 된 이민 여성들이었다. 이것은 일본인 '사진신부'와는 다른 일면이라고 말할 수 있다.

당시, 하와이를 정치적 거점으로 독립운동에 전력을 다한 민족 지도자의 하나로 한국 초대 대통령 이승만이 있었다.

하와이에 '사진결혼'으로 건너 온 그녀들은 고령의 남편에게 만족할 수 없었던 영리한 여성들이었다. 그리고 자기 남편보다 여성 동지가 오히려 더 가까웠다고 한다.

하와이 코리안 여성들이 1945년까지 조직한 주요 단체로서는, 부인 교육회, 대한 부인회 외에도 여섯 개의 부인회가 있었다. 그 중에 영남 부인회(1928년)는 경상도 출신의 여성들이 발기인이 된, 출신지역을 배경으로 만들어진 유일한 단체였다. 그 설립 목적은 저금의 장려, 조선 국산품의 수입, 동포 사이의 사교와 친목, 회원 간의 상호부조 등을 도모하는 것이었다.

5_ 한인 교회의 활동

하와이 코리안 커뮤니티의 큰 특징 중 하나가 '한인 교회'이다. 재미 일본인에게 현민회가 있듯이, 하와이 코리안에게는 교회가 있었다. 코리안이 교회에 친숙해져 있던 것은 하와이에의 이동에 미국 선교사가 초기부터 깊게 관련되어 있었기 때문이다.

당시 하와이에서는, 1905년의 '한인 감리교회'를 시작으로 수많은 교회 단체가 조직되었다. 특히 이승만 초대 대통령은, 독립운동을 전개할 때 코리안이 많이 모이는 교회를 잘 활용했다. 거기서 이승만은 1918년에 독자적인 '한인 기독교회'를 설립한다. 이 교회에 연결된 교회가 수십이나 되어, 각각의 교회에서 '사진신부'들이 활동해 갔다. 이러한 교회는 그녀들이 하와이에서의 어려운 노동생활 속에서 조금이라도 평온함을 느낄 수 있었던 특정한 공간의 하나였다. 그녀들의 상당수는 반드시 그리스도를 믿지 않더라도 교회에 모였고, 그 교회를 정보교환, 민족교육, 독립운동의 '장소'로 인식하여 활용했다.

하와이 코리안 커뮤니티에 있어서 민족주의 운동이 무척 중요했던 탓에, 코리안

교회의 여성전도사들

사진신부를 비롯한 이민 여성들의 활동과 공헌은 정당하게 평가되지 않고 '다른 사람' 또는 '객체'로서 역사의 주변에 놓여버리게 되었다.

6_ '사진결혼'을 둘러싼 비평

1913년 12월 10일자 『국민보』(일본신문)는 '사진결혼' 한 일본인의 높은 이혼율을 비난하고 있다. 2년간 이혼 소송을 일으킨 일본인 신부가 5,321명 있어 하와이에 도착해 1, 2년 후에 이혼하기 시작하고 있다고 하여, 하와이 각지도 이러한 사진 혼인을 금지시켜야 한다고 비판하고 있다. 같은 신문에는 코리안 '사진신부'에 대해서도 '일인의 악풍이 한인에게 전염됐다'고 하는 기사도 있다.

당시 북미 조선 학생 총회의 기관지 『우라키』에도 사진결혼에 관한 부정적인 견해가 소개되어 있다.

사진결혼은 단지 미국에 간다는 호기심만을 위해서 결혼이 무엇인가, 남편이 무엇인가, 가정이 무언가를 전혀 이해하지 못한 채 왔다는 것이다. 본국에서, 중학을 우등으로 졸업하고, 모교의 주임 교사까지 되고 있었다. 결혼이라도 해 도미하면 상당한 지식을 얻을 수 있다고 하는 어리석은 생각을 가지고, 이와 같이 되어 버렸다.

당시 중국인이 하와이인과 국제결혼한 것과 달리, 코리안과 일본인은 국제결혼에 대해서 보수적인 생각을 가지고 있었다. 그러므로 같은 민족끼리 사진결혼을 바라는 마음이 강했다.

당시, 재미 코리안의 상당수는 하층계급의 독신 남성이었기 때문에, 현지에서 결혼상대를 찾는 것이 지극히 곤란했다. 남자들은 십수 년 전의 사진을 고향에 보내거나 사탕수수밭 노동자인 현지에서의 신분을 속이기도 했다. 도미 후, 그녀들이 '속았다'는 것을 알게 되어도, 그 현실을 받아들이지 않을 수 없었다.

하와이의 사진결혼에 대한 비판이 많이 있었음에도 불구하고, 그녀들의 존재가 하와이를 포함한 약 200만 명에 달하는 오늘의 재미 코리안 커뮤니티의 형성과 발전에 큰 공헌을 한 것은 분명하다. 남존여비라고 하는 어려운 유교 문화 아래에서, 그녀들은 '아메리칸 드림'을 꿈꾸고 행동으로 옮긴 '신여성'이기도 했다.

신연숙 씨는, 당시의 코리안 사진신부의 특징으로서 '일정한 교육을 받은 영리한 여성, 열심히 기독교를 믿는 여성 신자, 빈곤을 극복하려고 하는 의지와 생활력이 강한 여성, 개화한 가정에서 자라 보다 높은 민족의식과 교육을 바란 여성'이라고 하는 네 가지를 특징으로 들고 있다.

사진 속 신부들이 양산을 들고 포즈를 취하고 있다. 전 세대의 전통을 상징하는 한복(치마저고리)과 근대화의 세련됨을 상징하는 양산이 대비를 이루고 있다. 그녀들은, 근대의 산물인 '사진'을 매개로 하여, 자신들을 억눌러 온 당시의 구시대로부터 벗어나고자 하는 의지와 욕구를 양산을 통해서 나타내고 있는 것 같다.

능동적이면서도 한편 자율적으로 결혼을 결정한 그녀들의 역사는 당시의 토착 여성과 이산 여성 사이의 연속성과 이질성을 지적할 수 있음을 보여주는 것과 동시에, 민족주의의 정의를 재수정하는 계기가 된다.

7_ 코리안과 일본인 '사진신부'

거의 같은 시기에, 같은 아시아로부터, 같은 사탕수수밭 노동자의 아내로서 겨우 도착한 코리안과 일본인 '사진신부'들은, 그 이동과 정착의 과정에서 서로 교류와 대립을 반복해 왔다고 한다.

스잔나 웨스리홈(1903년 창립)은 하와이에 있는 감리교 선교기관이며, 동양계 독신자 또는 아이들을 보호하는 시설이다. 당시, 여기에 코리안과 일본인 '사진신부' 이혼자들이 모두 생활하고 있었다고 한다.

100년 이상 지난 지금, 당시를 증언할 수 있는 양국의 '사진신부'들은 이미 현존

한복과 일본 의복의 여성들

하고 있지 않다. 그러나 하와이라고 하는 '제3의 땅'에서 사는 여성들의 생활 교류사를 통해서 거기에 내재된 '공생의 가능성'을 탐구하는 것은 학문적으로도 사회적으로도 지극히 의의 깊은 일이다. 역사적으로 깊은 관련을 가지고 있었음에도 불구하고, 코리안 사진신부와 일본인 사진신부를 비교하는 연구는 지금까지 전무하다. 향후 중요한 연구과제라고 해도 좋겠다.

문헌〉

1) 라경수, 「제2장 코리안 '사진신부'의 국제 이동」, 『사진신부·전쟁 신부가 더듬은 길』, 시마다 노리코 편저, 아카시 서점, 2009.

(2017.3.10)

5. 사탕수수밭에서 세탁소·목수·수리점에

1_ 하와이 사탕수수밭으로

조선 말기의 복잡한 국제관계 하에, 청나라 왕조의 권고에 의해 1882년 4월 「조미 우호 통상조약」을 체결했다. 전문 14조로 되는 조약은 모두에 '조선국과 아메리카 합중국은 양국이 민간의 영원한 친선 우호 관계를 수립한다'고 명시하고, 다음 해 4월 미국 전권공사 푸트가 서울에 부임해왔다. 그 답례로 동년 4월, 전권대신에 민영익, 부관에 홍영식, 서광범 등 개화파 청년들로 구성된 사절단을 미국에 파견했다.

조선으로부터의 하와이 이민의 시작은 1900년 1월 15에 상륙한 2명이었으나, 그들은 고려인삼을 파는 상인으로, 중국인으로 분류되고 있었다.

당시, 하와이 사탕수수농장은 노동력 부족으로, 중국인이나 일본인을 노예 수준

사탕수수 농장

의 노동 조건으로 고용하고 있었다. 거기에 한인 노동자가 투입되었던 것이다.

이것을 계기로 노동 이민이 계속되어, 1903년에 10척으로 1,133명, 1904년에 33척으로 3,434명, 1905년에 16척으로 2,659명의 규모로, 3년간 65척의 이민선으로 7,226명이 하와이로 이민했다. 남자가 6,048명, 부녀자가 637명, 아이가 541명이었다. 이러한 한인 노동자의 출현에 먼저 이주해 있던 노동자인 일본인 노동자가 위협을 느꼈고, 또 일본 식민지 지배에 의해 한인 노동자 이입의 저지 및 일본인 노동자의 이입 강화에 의해, 한인의 이민은 중단되었다.

2_ 사탕수수밭을 떠나 도시지역으로

코리아계 이민자들의 생활은, 객지벌이 이민으로 하와이에 오고 나서 4반세기의 세월이 흘렀으나, 큰 변화 없이 지나갔다. 그러나 이 기간에, 이민의 생활 형태나 의식은 크게 변화했다.

1910년대부터 이민의 도시화가 급속히 진행되었다. 이 이유에 대하여, 당시 하와이 대학의 아담스는, '(코리아계의) 사회적 조직을 유지하기 위해 필요한 인원수가 도시 밖에 모이지 않기 때문이다'라고 설명하고 있다. 그러나 그것만이 전부가 아니다. 도시 진출을 재촉하는 다음 두 가지가 사탕수수농장에 있어서의 노동 환경의 변화와 이민이 도시화 되는 것이 그 배경이 되었다고 한다.

첫째로, 출신국별의 임금 격차가 철폐되어 그때까지 비 일본계인 것으로 우대 되고 있던 코리아계의 존재 가치가 엷어진 것이다. 1909년의 일본계 이민에 의한 총파업의 결과, 그때까지 나라별로 정해져 있던 임금체계가 재검토되었다. 이로 인해 코리아계 이민의 임금은, 그때까지 다른 집단보다 낮게 설정되어 있었기 때문에 높아졌으나, 동시에 그때까지 동맹파업의 구사대로 받고 있던 특혜-'동맹파업의 구사로 2배의 보수가 지불된 것이나, 정착율을 높이기 위해 캠프에서의 기독교회 활동에 자금 원조를 받을 수 있던 것' 등도 중지되게 되었다.

제2의 변화는, 1910년대에 신규 이민 노동자가 대량으로 유입되어 고참 이민 노동자의 입장이 약해진 것이다. 하와이 설탕경주조합(HSPA)은 총파업의 재발 방지책으로 새롭게 이민 노동자를 필리핀으로부터 받아들였다. 그 결과 필리핀계 이민의 수는 코리아계 이민을 웃돌아, 1910년부터 1920년에 걸쳐 2,135명에서 16,851명으로 급증하고, 1930년에는 6만 명을 넘어 일본계 이민의 뒤를 이어 큰 집단이 되어갔다.

고참의 이민 노동자들은 사탕수수농장에서 살아남기 위한 다양한 방책을 강구했다. 이러한 속에서, 농장에서 기술적인 일에 종사하는 사람도 나타나게 되었다. 변압기나 수도 펌프 등의 조작이나 관리, 수로를 끌어오는 토목 작업, 가옥의 건축이나 수선 등의 일이다. 심야를 중심으로 한 시간대에 일하고, 기술이나 경험을 몸에 익혀 갔다. 다소의 영어실력이 있으면, 이 일에 종사하는 것이 가능했다. 어떤 이민자는 다음과 같이 말하고 있다. '간신히 커뮤니케이션이 가능한 정도였지만, 그 정도라도 영어를 할 수 있었기 때문에 일을 받을 수 있었다.'

한 번 몸에 익힌 기술은, 도제제도와 같은 형태로 코리아계 이민 안에 전해졌다. 사탕수수농장에서 자란 코리안 이주민의 아이가 그 모습을 다음과 같이 말하고 있다. '나는 오랫동안, 목수라고 하는 일은 코리안만이 하는 것이라고 생각했다. 왜냐하면 목수인 아버지 아래 7명에서 10명 정도가 일하고 있었고, 전원 코리안이었기 때문이다.' 이민은, 일의 노하우도 요령도 같은 이민 집단 안에서 전달했다. 또 기술직에의 종사 이외에도, 이민자들이 부수입을 얻을 수 있도록 다양한 방법을 시도했다. 가족과 함께 이민해 온 사람에게는 공동 주거가 아닌 단독주택이 제공되었기 때문에 그들은 토지에 따른 여유공간을 이용해 닭이나 양, 돼지를 기르고, 채소를 길렀다. 수확한 채소는 김치 담그기도 하고 식당이나 개인에게 팔았다. 또 남은 부지에서 사탕수수를 기를 수 있는 농장도 있었다. 수확한 사탕수수는 농장이 매입해 주기 때문에, 이렇게 하여 현금 수입을 얻는 사람도 있었다.

그러나 많은 이민자는, 삶의 질이 대폭 향상되길 바랄 수 없는 것은 물론 장래의 전망도 설 수 없는 속에서 사탕수수농장에서 멀어지는 길을 선택하게 되었다. 그들

초기 하와이 이민가족

은 바로 도시로 향하지 않고 사탕수수 이외의 파인애플이나 마카다미아 · 땅콩, 타로감자, 꽃농원 등의 농장에서 일하는 것을 선택했다. 신규 이민 노동자의 이입을 전망할 수 있던 사탕수수농장과는 달리, 사탕수수 이외의 농장은 현지의 노동력에 의존하지 않을 수 없었기 때문에, 사탕수수농장보다 비싼 보수가 지불되었기 때문이다.

　일을 찾아 도시로 흘러간 코리아계 이민은, 처음에는 상업 혹은 서비스업에 종사했다. 그 중에서도 남성은 공장 노동자, 종업원, 피고용인이 되는 것이 대부분이었고, 여성은 세탁 · 재봉사의 작업원, 가정부, 하녀가 되는 자가 많았다. 즉 고도의 지식이나 전문성이 요구되지 않는 비숙련의 일에 종사했던 것이다. 어느 이민자는 비숙련의 일을 떠돌아다닌 날들을 '정원사가 되거나 레스토랑의 주방에서 일하거나 세탁소에서 일하거나 했다'라고 이야기하고 있다. 그리고 파인애플 통조림 공장이 가까운 호놀룰루의 리리하 거리 주변이나 세탁소가 많은 와히아와 지구에서는, 코리아타운과 같은 코리아계 이민자의 집단 거주지도 나타났다. 이윽고 도시로 이동한 코리아계 이민 중에서 목수나 구두직공, 기계 기술자라고 하는 직공의 길로 나아가는 사람이 나왔다. 그 중에는, 사회 복지나 연금이라고 하는 사회 보장을 받기 위해서, 수리점 등의 기술 취직을 하는 사람도 있었다. 당시의 모습을, 한 이민자는 다음과 같이 말하고 있다. '아는 코리안 아저씨로부터, '몇 시간 일하고 연금을 벌면 좋아'라고 충고를 들은 아버지는 가구점에서 일하기로 했다. 잠시 후, 어머니도 거기서 일하기 시작했다. 그때까지 연금을 받을 수 있는 일에 종사하지 않았지만, 그곳에서 퇴직 후의 생활을 보장받을 수 있었다.' '아버지는 영화관을 경영하는 회사에 들어갔다. 영화관에는 가죽을 씌운 시트가 있었기 때문에 그것을 수리하는 일에 종사했다. 거기서 일했기 때문에 연금을 받을 수 있게 되었다.' 한편, 일시적으로 사탕수수농장으로 돌아오는 사람도 있었다.

1930년에는 사탕수수농장에서 일하는 5명 중 1명은 45세 이상이 되어 있었다. 어느 코리아계 2세는, 가족의 이사에 대하여, 다음과 같이 말하고 있다. '와이르아의 농장으로 옮겨, 거기서 작은 상점을 시작했다. 하지만 손님이 외상을 지불해 주지 않아서 상점은 망해 버렸다. 그러니까 힐로의 사탕수수농장에서 가족 모두가 일하기로 했다. 하지만 사탕수수농장에서의 일을 아버지가 싫어해, 호놀룰루로 다시 이사하기로 했다. 호놀룰루에서 아버지는 레스토랑에서 일했다.' 이와 같이 일자리를 요구하고 이동을 반복한 많은 사람들은, 최종적으로 도시지역의 일에 종사하러 갔던 것이다.

이렇게 하여 코리아계 이민자들의 도시화가 진행되었다. 1930년대, 사탕수수농장에 남은 이민은, 10%에도 못 미쳤다. 반대로 코리아계 이민의 도시지역 인구가 증가했다. 1930년 시점에서는, 코리아계 이민의 45%가 힐로시(하와이 섬) 및 호놀룰루시(오아후 섬)의 도시지역에서 생활하여, 65%가 오아후섬으로 이주했다.

3_ 미군 기지의 비 일본계 우대 덕에 세탁소로

코리아계 이민자의 상당수는 도시지역(혹은 그 근교)에서 세탁소 일에 종사하게 되었다.

그 중에서도 후에 코리아계 이민의 아이들이 '부모들이 사회 상승을 할 수 있던 것은, 사탕수수농장에서 벗어나 호놀룰루에서 세탁·재봉사나 수리사가 되었기 때문이다'라고 말한 것처럼, 세탁(재봉)소에서 일하게 된 사람이나, 세탁(재봉)소를 개업한 사람이 특히 많았다. 왜 세탁(재봉)소였던 것일까. 이 배경에는, 하와이의 40% 이상을 차지하는 일본계 외국인을 배제하고 비 일본계 외국인을 우대하는 미군의 차별적인 기지 운영 방침이 있었던 것이다.

그러나 기지의 확대에도 불구하고, 미군은, 현지의 주민을 기지 안에 받아들이는 데에는 난색을 표했다.

이 배경에는, 비 백인에 대한 인종적인 편견과 비 백인이 주류인 하와이 사회에 대한 불신감이 있었다. 1924년, 서머 올 사령관은, 다음과 같은 발언을 반복했다. 하와이의 중국계는 '사람의 기분을 편안하게 하는 일이 없고, 비밀주의적이고, 은인자중적이고, 평화적이지만 수수하다.' 코리아계는 '금방 흥분하고, 미신적, 겁장이가 되기 쉽상이다.' 또 필리핀계는, '반미적 독립론에 경도되어 있고, 말솜씨가 좋은 능숙한 사기꾼의 영향을 받기 쉽다'라고 하여, 네이티브 하와이안은 '낙관적이고 태평해서 음악과 춤과 노래에 몰두한 사람들'이고, 포르투갈계는 '어른이나 아이나 지능적으로 부족한 사람들'이라고 평가했다.

이러한 차별 의식이 존재하는 가운데, 일본계에 대한 편견은 특히 강했다. 알다시피, 미군의 일본계 이민에 대한 차별은, 제2차 대전의 일본계 이민에 대한 차별적 대우라는 형태로 명확해졌지만, 하와이에서는 벌써 이때부터 현저하게 나타나고 있었다. 1922년, 서머 올 사령장관은 다음과 같이 말했다. '(일본계 외국인과 같이) 외국의 시민권을 유지하려고 하는 집단에 대하여 세계 어느 나라도 마음을 열 수는 없을 것이다. 일본계 외국인이 미국화 했다는 증거는 어디에도 없다. 그들은 백인과 교제하려고도 하지 않는다.'

거기에 더하여, 미군의 일본계 이민에 대한 차별적 대우는 미국 국적의 일본계 2세에게도 적용되었다. 1920년, 현지 주민에 대한 예비병 등록에 관해 당시 하와이 출신의 대의원 파링톤이 일본계 2세의 입대는 미국에 대한 충성심을 높여 조국을 의지하는 1세 세력을 배제할 수 있다고 주장했으나 미군이 입대 거부를 결정했던 것이었다. 동시에 미군은 기지의 서비스 부문 업무까지도 일본계 이민을 배척했다.

결과적으로, 코리아계 이민은 세탁(재봉)소의 업무 위탁을 우선적으로 받게 되었다. 그러자 코리아계 이민 안에서 '기지의 세탁소 일은, 코리안이나 차이니즈 밖에 인정받지 못한 것 같다'고 하는 소문이 나 순식간에 확대되었다. 그 위에 이 소문은, 코리아계의 사이에 '장사를 한다면 세탁소 정도밖에 없다. 앞으로 살아갈 수단으로 유일하게 남겨진 방법일지도 모른다'라고 퍼져, 코리아계의 세탁소 일에의 종사에 박차를 가하게 되었다. 이렇게 하여 미군의 일본계 이민에 대한 차별적 대우의 부산물과 같이 생긴 비 일본계 이민에의 우대적 조치에 의해, 많은 코리아계 이민은 기지 주변의 세탁소 일에 종사하게 되었다.

일본으로 이주해 온 재일 코리안도 하와이와 마찬가지로, 시골에서 직장을 구하지 않고 도쿄나 오사카 등의 대도시에 집중해 코리안타운을 형성하거나 했다. 1세, 2세 들은 일본의 봉건사회에 있어 이중 국적의 정체성을 가지는 것을 싫어하고, 민족주의(Native Nationalism) 사상을 가지게 되었다.

문헌〉

1) 이리화, 「하와이·코리아계 이민의 아이덴테이테이에 관한 역사 사회학적 연구」, 히토츠바시 대학 기관 리포지터리, 2011.

(2017.3.21)

6. 2세들의 교육 문제와 교육열

여기에서는 하와이 이민 2세들의 발언을 통해 당시의 하와이 한인 사회에서의 교육 문제에 대하여 논하기로 한다.

1_ 어린이들의 교육 문제

어린이의 수가 급증하는 코리아계 이민 사회에 있어서의 변화가 인구 변화에서 밝혀졌으나, 이에 따라 어린이들의 교육 문제가 이민 사회의 큰 문제가 되었다. 이민 초기, 사람들의 관심사는 어린이들의 조선어 교육에 있었다. 그것은 당시 사람들이 아직은 귀국을 희망한 객지벌이 이민이었기 때문이다. 또 당시의 어린이가 '언제나 누나가 어머니에게 편지를 읽어서 들려줬'고 이야기한 것과 같이, 조선에서 교육을 받을 수 없었던 부모는 하다못해 어린이가 조선어의 읽고 쓰기를 할 수 있기를 바랐다. 그중에는, 어린이와 같이 조선어를 읽고 쓰기 연습을 시작한 부모도 있었다. '아버지는 글자를 쓸 수 있어서 한자도 알고 있었으나, 어머니는 읽고 쓰기를 할 수 없었다. 그러나 어머니는 글자를 공부하기 시작하여 처음에는 연필을 잡는 법도 몰랐으나, 어른이 어린애 같은 글씨지만 쓸 수 있게 되었다.'

이렇게 하여 어린이들의 조선어 교육이 문제가 되는 중에, 감리교 교회에서 조선어를 읽고 쓰기를 가르치는 수업을 시작했다. 어학교에 다니는 모습을 마우이의 농장에 살고 있던 2세는 다음과 같이 이야기하고 있다.

오전 중에 어학교에 다녔다. 어학교가 끝나면, 사탕수수 밭을 빠져나가서 아메리칸스쿨까지 걸어서 다녔다. 학교에는 카페테리아가 없었기 때문에 밥을 담은 철제 도시락 통을 가지고 학교에 다녔다. 그러나 하루 종일 도시락 통을 나무에 걸어 두었기 때문에 개미가 들어가 버리는 일이 있어, 밥을 물로 헹구고 먹는 때도 많았다. 2시 반에 학교를 마치고 집에 되돌아왔다.

당시는, 어린이가 귀중한 일꾼이었던 시대이기도 하다. 하와이에서는, 14세 이하의 노동이 1930년대 후반까지 금지되지 않고 있었다. 어떤 2세(1915년 생)가 '구니아농장에 이사했을 때 저는 10세로, 여동생이 8세였습니다. 그래서 파인애플 밭에서 과일을 따는 일을 했다'라고 이야기하듯이, 어린이가 현금수입을 얻고 있었던 시대였다.

당시는 모두 생활이 어려운 시대였다. 농장에서의 어렸을 때 모습에 대하여 어떤 2세는 다음과 같이 이야기하고 있다. '7학년과 고교생이 될 때까지 학교에서 구두를 신은 적은 없었다. 어렸을 때, 구두는 파티나 예배 같은 특별할 때밖에 신지 못하고, 맨발로 학교에 갔다.' 그 때문에 어린이는 돈을 받고 일하지 않아도 '밭의 채소재배를 돕고, 밖에서 과일을 따고, 나무를 모아서 가지런히 자르는 것이 일과였다'라고 하는 이야기가 보여주듯이, 가사를 돕느라고 바쁜 나날이었던 것을 알 수 있다. 이렇게 부모도 어린이도 일에 몰두하는 매일 속에서, 어학교가 설치되지 않는 한 어린이들은 조선어를 배울 일 없이 자랐다.

이러한 중에 감리교 교회에 의해 설립된 것이 호놀룰루의 기숙학교다. 어린이들은 교육을 위해서 부모 슬하를 떠나, 기숙학교에서 살았다. 당초 코리안 컴파운드 (Korean Compound)라고 불린 기숙학교는 교회에 병설된 남학생용 어학교 겸 기숙사였다.

이 기숙학교의 인기가 단숨에 높아진 시기가 있다. 그것은 1914년에 이승만이 하와이에 오고, 이 학교의 교장으로 취임했을 때다. 특히 이승만이 미국의 대학에서 박사학위를 취득한 것이 인기를 더했다.

'이승만의 명성'에 의해 학생 수도 단숨에 35명에서 120명으로 증가했다. 그리고 교육 체제도 정돈할 수 있어 미국인 교원 4명과 코리안 교원 3명이 지도를 담당하게 되고, 1907년에는 사립학교로 공인을 받을 수 있게 되었다.

이승만이 부임하고 나서, 기숙학교에서는 어학뿐만 아니라 민족교육도 실시하게 되었다

'한인 중앙학원'으로 개명된 동교에서는 조선어뿐만 아니라, 한문이나 조선의 역사, 지리도 가르치게 되었다. 이 학교의 프로그램을 모방하여 농장의 어학교에도 민족교육이 도입되게 되었다. 또 독립운동을 둘러싼 이승만파와 반 이승만파에 의한 이민 사회의 이분화에 의해 이승만파가 새로운 기숙학교 '한인 기독학원'을 설립했다.

1920년대가 되면서 코리아계의 사람들의 도시화가 진행되어, 도시부의 그리스도 교회에 있어서의 어학 교육이 중심이 되었기 때문에, 어린이들은 학교가 끝나면 매일 교회로 향했다. 그 모습을 어떤 코리아계 2세는 다음과 같이 이야기하고 있다.

'코리안스쿨은, 아메리칸스쿨이 끝나고 나서 가는 2번째의 학교였다. 선생님은 교회의 목사였던 미스터 박이었으나, 매우 엄격했다. 수업은 젊었기 때문에 별로 성실함에 있어 호평을 받지 못했다. 우리말을 잘 말할 수 있었던 것도 잘 쓸 수 있었던 것은 아니었다. 그러나 기초만은 배울 수 있고, 그것은 어쩐지 기억하고 있다. 그것이 어학교에 다녀서 좋았던 점이라고 생각한다.'

그러나 코리아계의 어학교는, 일본계나 중국계에 비교하면 학생 수가 훨씬 적고 규모도 작았다. 패터슨(2000년)이 '하와이에서 코리안의 어학학교는 대부분 번영하지 못했다. 특히 일본계이민의 어학교에 비교하면 그 특징은 현저하다'라고 지적했듯이, 일본계나 중국계의 어학교가 1920년대에서 1930년에 걸쳐 대폭으로 증가한 데 비하여, 코리아계는 증가는 했으나 그 증가율은 작았다.

증가율이 침체된 배경으로는 학생이 어학 학교에 다니지 않게 된 것이 상상된다. 어학교에 다니지 않게 된 학생에게 그 이유를 물으면, 경제적 문제를 이유로 드는 경우가 많았다고 한다. 한편, 여기에서 말하는 경제적 문제란 다음 두 가지 경우가 포함된다.

하나는, 생활이 곤궁하여 어학교에 다닐 수 없게 된 경우다. 어떤 어린이는, 중학교에 다니고 있었으나, 아버지가 돌아가셔서 일하지 않으면 안 되었기 때문에 형제 모두가 어학교 뿐만 아니라 공립학교에도 다닐 수 없게 되었다고 이야기하고 있다.

그중에는 어렸을 때부터 부모슬하를 떠나, 더부살이의 일을 하면서 공립학교에 다닌 사람도 있었다. 어떤 2세는 '부모님이 이혼하고, 형제가 많이 경제적으로 괴로웠기 때문에, 9세 때에 호놀룰루에서 더부살이로 일하면서 초등학교에 다녔'고 이야기했다. 공립학교에 다니는 것만으로 벅찬 일상생활 속에서, 어학교에 한 번도 다니지 않은 어린이도 도시부에 있었다.

그러면 이러한 배경에서, 코리아계 이민자들의 심리적 변화에는 어떤 것이 있었을까? 그것은 어떤 2세의 대학생이 이야기한 것 같이, 사회적 성공을 실현하기 위해서는 어학 교육보다도 공립학교의 교육 쪽이 중요하다고 느끼는 심리가 생겼기 때문이다. '많은 1세들은 자기들이 농장의 밭에서 일하지 않으면 안 될 이유는 제대로 교육을 받지 못했기 때문이라고 생각하고 있었다. 그러므로 경제적으로 상승하기 위해서는 교육이 필요하다고 하는 것을 통감하게 되었다. 민족적인 이유가 아니고, 사회경제적인 이유에 의해 어린이의 공교육에 힘을 쏟았다.' 또 다른 2세가 '부모 중에는, 높은 교육을 받기 위해서 미국 본토에 가는 것을 권하는 부모도 있었다. 본토에 가면, 장래는 더 보장된다'라고 이야기한 것 같이, 자신이 달성할 수 없었던 경제적·사회적 성공을 어린이에게 바라고 그것을 실현시키기 위해서 미국 본토에서의 교육을 중시한 이민자도 있었다. 귀국을 전제로 한 교육으로부터, 미국 사회에서의 성공을 전제로 한 교육으로 그 방침이 바뀐 것이다.

어린이들이 어학교에 다니지 않게 된 이유로, 어학교가 병설된 사립학교가 아니고 영어만의 공립학교에 다니는 어린이가 늘어난 배경이 있어, 이러한 부모의 객지벌이 이민으로부터 정주 이민으로의 전환되는 가운데서 형성된 정주 지향이 있었던 것이다.

2_ 미국의 어느 민족보다도 높은 교육열

미국 거주 동포의 70% 이상이 교회에 다닌다. 한국에 있어서의 그리스도 교도의 비율이 약 22%인 것을 감안하면 매우 높은 숫자다. 이것은, 미국 사회에서 느끼는 소외감을 진정시키고 그 존재감을 느끼는 곳으로 교회를 생각하고 있다는 것이다. 현재 미국 내에는 2,000여 곳의 교회가 있다고 추산되고, 종교적 기능 이외에 사교나 친목의 기능을 행하고, 청소년을 위한 한글학교를 운영하고, 민족문화교육을 실천하는 사회조직이 되어 있다. 반면, 한인 교회의 목사는 그 지역의 한인 지도자의 역할을 다하고 있기 때문에, 교회의 난립으로, 어쩌면 교회 간의 갈등에 한인 사회가 말려드는 경우도 생기고 있다.

미국에서의 이민 생활은, 경제기반을 확립할 때까지는 부부 모두가 일하기 때문에 여성의 노동 부담이 가중되고, 그것은 다른 한편 여성의 발언권도 강화하게 한다. 그것은 한편으로는 부부간의 갈등을 증폭시키고, 때로는 폭력으로 발전하는 경우도 있어, 구타·학대에 의해 이혼으로 연결되는 경우가 많다. 1980년대의 자료에 의하면, 미국 거주 동포의 남성 경우 한국 남성의 3배, 여성은 한국 여성의 6배나 이혼율이 높다고 하는 결과가 나오고 있다. 또 부모의 권위를 고수하다가, 미국의 평등주의와 개인주의에 익숙해진 자녀와의 사이에서도 갈등이 생기는 경우도 많다.

미국 거주 동포의 교육열은 미국의 어느 민족보다도 높다. 자신들의 아들이 의사나 변호사, 과학자, 대학 교수 등의 영역으로 진출하여 성공하는 것을 기원하는 것이다. 대도시뿐만 아니라 지방의 소도시에서도 방과 후, 학원에 다니는 것은 한인이며, 가정교사를 두고 학습하는 것도 한인이다. 또 맹모삼천의 고사를 따르기 때문에 교육이 좋은 학구로 이사하는 것을 목표로 하는 한인 부모도 많다. 이러한 교외 거주율은 1980년의 통계에 의하면, 백인이 33.8%인 것에 비해 한인은 46.4%이다. 이와 관련하여 흑인은 18.7%이다. 이렇게 과열 기미를 보이는 교육열을 반영하여, 우수한 성적으로 명문고교나 대학에 진학하는 한인 자녀가 많다. 예를 들면 뉴욕시 제일의

하와이의
한인기독교회와
한인들

명문교로 여겨지는 스타이브센트 고교에는 한인 학생이 10분의 1을 차지할 정도이다. 한인이 뉴욕시 인구의 100분의 1에 지나지 않는 점을 고려하면, 한인 학생의 우수한 성적은 특기할만하다. 미국 사회에서는 그러한 한국계 이민의 교육열이 경이의 대상이 되고 있다. 한편, 성적이 떨어지는 학생은 갱단에 합류하거나, 가출해서 허름한 아파트에 혼자 사는 현상도 빈번하게 나타나고 있다.

재일동포 사회도 미국 같이 1세나 2세는 자손들에게 의사나 변호사 등 자격증이 있는 직업을 선택하도록 권하고 있다.

문헌〉

1) 이리화, 「하와이·코리아계 이민의(아이덴티티) 에 관한 역사사회학적 연구」, 히토츠바시 대학 기관 리포지토리, 2011.

(2017.3.21)

7. 이중 국적의 아이덴티티

1_ 새로운 아이덴티티 지향

1930년대가 되면, 코리아계 이민의 아이덴티티(정체성)을 구축해 나가려고 하는 2세들의 활동이 활발해졌다. 그리고 그 중에 구축된 정체성은 주로 다음 세 가지의 지향을 내포하는 것이었다.

1) 미국 국적에의 희구

우선, '나라가 없다(Country-less)'라고 하는 것을 긍정적으로 파악해 가려고 하는 지향이다. 1세 사이에도 한일 합방 이래, '나라가 없다'고 하는 의식은 있었다. 그러나 1세는, 조국의 식민지화를 경험했기 때문에 '나라가 없어졌다'는 의식이 강하고, 그중에는 '한 번 더 나라를 되찾는다'는 의식 하에서 조국을 실체적으로 파악하는 사람도 있었다. 이에 비해 2세는, 조국이 존재하지 않는 것을 사실로 받아들이려고 생각하기 시작한 세대였다. 2세들은 다음 같이 말했다. '전복시키기에는 지금의 일본은 너무나 강대한 나라이다. 그러니까 조선의 독립 문제는 현재 너무 비현실적인 문제이다.' '희생이나 수치를 넘어 재생한 국가는 없다. 패배라고 하면, 패배이다. 그러나 파괴된 것은 한 번 더 파괴될 수 없고, 파괴된 것은 더 이상 파괴될 일이 없을 것이다.'

그러나 '고향은 하와이이다'란 것을 강조한 2세의 이야기에는, '미국인'으로서의 귀속 의식도 적극적으로 인정해 가려고 하는 지향이 혼재되어 있었다.

어느 2세는 이것을 '우리는 여기서 살고, 여기서 죽을 것이다'라고 말해, 조국이 하와이라고 생각하는 기분은 1세들에게도 공통된 것이라며 다음과 같이 말했다. "1세들은 아이들이 미국 시민이 되는 것을 자랑으로 생각하고, 젊은 사람들이 미국 본토에 가서 고등교육을 받아 그 교육을 살려 하와이의 코리안들의 생활 향상에 노력하는 것에 대한 자랑을 갖고 있다."

2) 이중 국적에의 희구

둘째로는, '코리안'과 '미국인'의 정체성을 양쪽 모두 동시에 가지고 있으려고 하는 지향이다. '코리안'인가 '미국인'인가 중에서 하나의 정체성을 선택하는 것이 아니라 양쪽 모두 동시에 가지고 가려고 하는 생각은, 다음의 코리아계 2세가 말한 것처럼 미국 내에 있어서의 코리아계 이민자들이 놓인 입장과 밀접하게 관련되어 있었다. '2세 대부분은, 미국의 대지에서 태어나 미국인이 되었다. 그렇지만 나는 여기서 강조하고 싶다. 그것은 미국인이 되어도, 다른 사람에게는 계속 코리안으로 보인다고 하는 것이다. 나는 그것을 잊을 수 없다.' 즉 '미국인'이어도, 주류 사회로부터 '코리안'으로 계속 보이는 이민의 숙명에 대하여, 2세들은 '미국인'과 '코리안'의 아이덴티티를 양쪽 모두 동시에 가지고 넘어서려고 했던 것이다. 두 개의 정체성을 갖고 간다고 하는 발상에 대하여, 어느 코리아계 2세는 다음과 같이 말했다.

앤드류 카네기는 13세 때에 미국으로 온 가난한 스코틀랜드 백성이었다. 편집자 죠셉 풀리쳐는, 부다페스트에서 태어나 17세에 미국으로 왔다. 좋은 코리안은 좋은 코리안이기 때문에 더욱 좋은 미국인이 된다. 세계는 그렇게 가치를 매긴다.

리더적 존재였던 이태성(Tai Sung Lee)은, 젊은이에게 '코리아어나 코리아 문화의 좋은 점과 아름다움을 재발견해 나가는 것'을 호소하여 '이러한 것이 코리아의 내일을 만들 것이다'고 말했다.

또, 1930년대에 젊은이들의 지지를 받은 '코리아계 학생 동맹(Korean Student Alliance)' 도, 학생들을 향해 '코리안의 역사나 실제에 대해 배우려고 하거나 생각하려고 하거나 하는 학생은 적었다. 그러나 지금부터는 폭넓게 모든 것을 받아들이기 위해 코리아나 코리안으로서의 인생에 대하여 생각하자. 우리에게는 제일 소중한 것이다'고 호소했다.

그리고 코리아계 2세들은, 하와이 대학교에 조선의 언어·문화·역사를 배울 수 있는 코스를 개강하도록 요청했다. 이 요구에 대하여 당시 하와이 대학교 크로포드 학장은, 개강을 위해 이수 희망자를 조사하여 객원 교수를 수년 이내에 초빙 할 준비를 할 것을 약속했다.

3) 기독교 정신과 민족의식

셋째로, 그리스도교도로서의 정신을 높이려고 하는 지향이다. 원래 코리아계 이민은 기독교회를 중심으로 집단을 형성하고 있었기 때문에, 기독교 정신은 일상생활에 밀착된 생각이었다. 그러나 여기서 굳이 기독교를 강조한 것은, 기독교가 이 이민사회 속에서 발생한 다양한 대립이나 가치관의 엇갈림을 초월하여 다시 하나의 정체성의 아래에서 종결시키는 것을 가능하게 했기 때문이었다.

그러나 지금까지의 연구는, 이 시대의 코리아계 이민의 정체성이 '코리아'로부터 '미국'으로 바꾸어 간 것으로서 이해되어 왔다. 특히 1세가 전통적인 가치관을 유지해 조국에 대한 애착심을 계속 가진데 비해, 2세는 서양 문화의 영향을 받아 미국인으로서의 의식을 갖고 있던 점을 채택하여 세대 간 격차를 강조해 왔다. 하지만 이 시기의 코리아계의 정체성은 '코리아'로부터 '미국'으로 바뀐 것이 아니고, 코리아와 미국이라고 하는 두 개의 국가 범위를 내포 하는 정체성으로 발전해 그 위에 국가 범위를 뛰어넘은 트랜스내셔널한 양상을 나타내게 되어 갔다. 즉, 일국의 범위를 넘어 정체성으로 확장을 가진 정체성으로 변모를 이룬 것을, 여기에서 엿볼 수 있다.

따라서 2세의 새로운 활동도 기독교회 활동과 일체화되면서 시작되었다. 그 중에서도 당시의 젊은이들로부터 폭넓게 지지를 받은 활동이 두 가지 있었다. 하나는, YMCA에서 일하는 이태성(Tai Sung Lee)가 시작한 '코리아계 학생 그리스도교도 조직 (The Korean Student Christian Movement of Hawaii)'의 활동이다. 1930년에 발족한 이 조직은, 교회의 파벌을 넘어 코리안끼리의 친교와 지원이 깊어지는 것을, '하와이에 코리아계의 기독교 커뮤니티를 구축하는 것'을 목적으로 활동을 전개했다. 그리고 스포츠 대회로부터 성서 연구회까지 다양한 회합을 기획하고, YMCA 등 외부의 자금도 투입되면서 운영되었다.

이러한 활동이 전개되어 가는 가운데 주장된 것은, 기독교인으로서의 신앙을 깊게 하자는 호소이다. 1936년에 행해진 스피치 콘테스트에서 1위를 획득한 코리아계 2세는, 지금까지 코리아계의 사이에 4개나 다른 성질의 단체(정치적, 어학교 등의 문화적, 사회적, 종교적 단체)가 존재해 왔으나, 앞으로의 젊은이들의 중심이 되는 것은 종교적 단체란 것을 말한 다음, 다음과 같은 생각을 발전시키지 않으면 안된다고 말했다.

'코리안의 교회는 틀림없이 발전할 것이다. (중략) 단지 하나의 장애물이 있다고 하면, 그것은 코리안의 교회를 그리스도의 진정한 원리에 따라 유지 발전시키려고 한다는 성실함과 깊이(철저함)에 결여가 있다. 이것만 노력한다면, 코리안의 젊은 사람들의 심지는 밝게 불타 지금부터 몇 년 뒤에는 기독교적 정신의 기반을 만들어 갈 것이다.'

다른 코리아계 2세는 다음과 같이 말하고 있다.

'젊은 남녀는 도덕적으로 맑고, 종교적으로 열심이지만, 그렇지 않은 사람도 있다. (중략) 특히 최근, 교회활동 참가가 느슨해지기 십상이다.'

'일요일에 교회에 가는 사람은 적어지고 있다. 이에 대하여 젊은 세대가 무신론자가 되어 버렸다고 한탄하는 사람도 있다. 그러나 그것은 맞지 않다. 강하고 정열적인 지도자 아래에서 올바른 길이 나타나면, 코리안의 알의 노른자위가 여전하게 완성될 것이다.'

이러한 내용은 모두 코리아계의 집단으로서의 연대가, 기독교의 정신을 높이는 가운데 열려 갈 것이라고 주장하는 것이었다. 이에 대하여 어떤 코리아계 2세는 '이 (기독교의) 높은 이념과 도덕에 의해, 섬의 코리안의 젊은이들에게는 밝은 미래가 기다리고 있을 것이다'고 말했다.

원래 교회가 가지고 있던 교단이나 다른 교회와의 네트워크를 이용하여 기독교회는 새로운 세대에 다른 민족 집단과의 교류나 친목의 장소를 제공했다. 어느 코리아계 이민은, 감리교교단의 합동 연구 그룹에 참가했을 때에 느낀 고양감을 다음과 같이 말하고 있다.

'하와이원주민, 필리핀계, 일본계, 코리아계의 감리교교회의 연차 대회가 있었다. (중략) 이 이벤트가 훌륭한 것은, 코리안의 정치적 사회적 문제를 해결하자고 하는 것만 아니고, 젊은 세대를 올바른 길로 이끌어, 그리스도의 가르침을 펼쳐 비종교적 분쟁을 넘어 보다 높은 차원의 생활·사고·행동을 가져와, 다른 인종을 형제와 같이 평등하게 생각하고 좋은 시민으로서의 튼튼한 기반을 구축하려 하는 데 있다.'

2_ 결어

여기서 채택해야 할 중요한 점은, 왜 코리아계 이민은 '미국인'이라고 하는 '민족적 정체성' 뿐만 아니라, 미국의 외부로 향한 정체성을 동시에 만들어 냈는가 하는 점이다. 이것에 대해서는, 어느 코리아계 이민이 '미국인이 되어도, 외부 사람으로부터 코리안으로 계속 보이고 있다'고 말한 것처럼, '미국'과 또 하나의 정체성을 가지지 않으면 안 된다고 하는 이민자로서의 의식이 있다는 것이 명백하게 되었다. 즉, 이민의 '트랜스내셔널 아이덴티티'는, 미국의 외부로 향한 지향이지만, 미국의 내부로 향한 지향과 연동되어 형성되는 것이다. 이렇게 하여 1920년대부터 1930년대에 걸쳐 코리아계 이민자의 아이덴티티는, '미국'이라고 하는 범위 안에서 형성된 내셔널 아이덴티티를 내포하면서 트랜스내셔널한 양상을 나타낸 정체성으로 발전하며 갔던 것이다.

재일 코리안 사회도 3세, 4세의 시대를 맞이하고 있다. 재일동포가 하와이 코리아계 이민과 같이 이중국적 정체성을 가지는 것보다, 같은 얼굴의 동양계 인종이며 또 일본의 패쇄적인 사회성 때문에 일본인화로 기울기 쉬워지고 있다. 따라서 재일동포 사회도 하와이 코리아계 이민의 예를 참고로 하여, 미래 지향의 정체성을 구축해 나가야 할 것이라고 생각된다.

문헌〉

1) 이리화, 「하와이·코리아계 이민의(아이덴테이테이)에 관한 역사 사회학적 연구」, 히토츠바시 대학 기관 리포지터리, 2011.

(2017.3.24)

8. 조국 독립운동의 발전과 종결

 여기에서는 하와이 이민 사회 속에서, 조국 독립 운동을 통하여 이민 사회에 준 정치·문화의 영향과 그 종언에 이르는 경과를 논하기로 한다.

1_ 하와이의 조국 독립 운동

 하와이에서의 조국 독립 운동은 1910년대에 급속히 발전한 운동이지만, 그 이전에도 하와이에서 독립 운동을 내건 단체가 존재하지 않았던 것은 아니었다. 최 씨는 2003년에 1903년부터 1908년까지 정치 활동을 목적으로 한 단체가 하와이에 14개가 있었다고 지적하고 있다. 그러나 이들 단체는 모두 규모나 조직력이 작고 실질적으로는 상호 간의 부조적인 활동을 실시하고 있던 일이 많았다.

 일반 이민자와 운동가의 사이에는 큰 차이가 있었다. 일반 이민자는 민족주의에 노출되었던 적이 없었기 때문에 조국 독립에 대한 지식이나 경험이 전혀 없었다. 한편 운동가는 조선에서 교육을 받을 수 있던 양반 계급 출신이었기 때문에 세기 전환기의 조선에 있어서 일부 지식인 사이에 싹트고 있던 민족주의에 접하고 있었다. 즉 독립 운동가는 근대화의 세례를 받아 민족주의 안에서 형성된 '조선인'으로서의 귀속 의식을 갖고 있던 것에 비해, 일반 이민자는 그러한 근대적인 발상을 갖고 있지 않았던 것이다.

 최초로 하와이에 온 것은 박용만이었다. 박용만은 안창호와 같이 도미 이전부터 민족주의와 국권 회복을 주장하여 '독립협회'의 활동에 참가하고 있던 인물이다. 독립협회 활동으로 투옥되었으나 조선인 목사와 미국인 선교사의 도움으로 탈옥하여 1904년에 미국으로 건너갔다. 도미 이후에는 철도 공사의 인부로 일했던 시기도 있었으며, 1908년에 네브래스카주의 헤이스팅스 육군사관학교에 입학하여 네브래스카 대학교의 학사와 석사 학위를 취득했다.

하와이의 국민회는 박용만을 국민회의 신문, '국민보'의 주필로 초빙했다. 국민회는 1909년 2월 12일부터 '신한국보(The United Korean News)'를 발행하고, 그것을 1913년 8월 13일호부터 '국민보(The Korean National Herald)'로 개명하여 샌프란시스코 및 하와이에서 발행하고 있었다. 이 신문은 하와이나 미국 이외에도 '간도'(현재의 중국 지린성 동부의 연변조선족 자치주 일대) 등에 사는 국외 조선인에도 배포된 신문으로, 조선 국내에서는 1910년대에 '치안방해'를 이유로 이따금씩 발행이 금지된 신문이다.

1912년 12월부터 하와이에서 활동을 시작한 박용만은 하와이의 코리아계 이민 사회에 이승만을 초청할 것을 제안했다. 이승만과 박용만은 조선에서 같은 '독립협회'의 활동에 참가하여 투옥된 경험을 갖고 있었다.

한편, 이승만은 20세기 전환기의 조선에서 독립협회 활동으로 인해 투옥되고 종신형을 받았으나, 6년 후인 1904년에 돌연 석방되어 도미했다. 1907년에 조지 워싱턴 대학교를 졸업하여 1908년에 하버드 대학교에서 석사학위를, 1910년에는 프린스턴 대학교에서 박사 학위를 취득했다. 프린스턴 대학 수료 후, 본래부터 대학을 졸업한 시점에서 조선에 목사로서 돌아오기를 요구하고 있던 감리교의 지시도 있어, 1910년에 경성 YMCA에 취직을 하기 위해 조선으로 돌아왔다. 그러나 1912년 4월에 국제 감리교 대표 회의에 출석하기 위해 다시 도미하여, 그대로 귀국하지 않고 미국에 남았다. 귀국하지 않았던 이유는, 한국의 그리스도교회가 일본 교회의 감독 하에 들어가는 것에 반대했기 때문에 이승만에게 위험이 다가왔기 때문이다. 미국에서의 재류가 반년을 지난 무렵 이승만은 박용만으로부터 초대를 받아, 하와이로 건너갈 것을 결의한다.

이렇게 하여 1913년 2월, 이승만은 감리교교단 본부의 코리안 감리교교회 부속학교 '한인중앙학원'의 교장 직을 맡는 형태로 하와이 땅을 밟았다.

그러나 박용만과 이승만은 독립 운동에 대한 방법에서 많은 차이가 있었다. 박용만은 조국 독립을 실현하기 위해서는 무력도 불사한다고 생각하고 있었다. 헤이스팅스 육군 사관학교 재학 중, 박용만은 '한인 청년병학교'를 개설하여 1910년까지 27명의 코리안의 군사 훈련을 실시한 경험이 있었다. 하와이에서도 '대한국민군단'이라고 하는 군대 조직을 결성하여 군사 훈련을 실시했다. 학교는 오아후섬 북동부 아후이마누에 지어졌고, 군사 훈련은 농장에서의 일이 끝난 평일 밤이나 주말에 행해졌다.

그러나 이승만은 외교 노력에 의해서―특히 미국의 지원을 얻어―조국 독립을 실현시키려고 생각하고 있었다. 이승만은 조지 워싱턴대학에 재적하고 있었을 무렵부터 조선의 독립을 요구하는 활동을 전개하고 있었다. 또한 1905년에는 진정서를 들고서 제26대 시어도어 루즈벨트 미국 대통령과의 회담도 실현시켰다. 프린스턴 대학교시절에는 총장 우드로 윌슨(후의 제28대 미국 대통령)을 시작으로 많은 '미국인' 지식인, 신학자, 정치가들과 친교가 깊어져 조선 독립을 향한 외교 노력을 거듭하고 있었다.

코리아계 이민자들 안에서는 박용만을 지지하는 사람도 있었으며, 이승만을 지지하는 사람도 있었다. 무장화를 진행시키는 박용만은 열광적인 지지도 받았으나 동시에 많은 비판도 받은 인물이었다. 특히 1914년, 약 300명의 학생과 전직군인(조선에서 군인이었던 이민자)을 거느리고 호놀룰루시를 군사 행진하고 나서는, 박용만의 무장 노선에 대하여 재호놀룰루 일본 영사관이나 하와이의 주류 사회로부터도 비판을 받게 되었다. 이에 박용만의 군사 훈련은 농장 경영자의 퇴거 권고에 의해 사람의 눈에 뛰지 않은 장소로 연습장을 옮기지 않을 수 없게 되었다. 그리고 박용만의 활동은 자금줄이 막히게 되어 군사 학교는 자금난에 빠졌다.

한편 이승만은 이민 사회로부터도, 하와이의 주류 사회로부터도 열렬한 환영을 받았다. 1913년에 이승만이 하와이에 도착하자 국민회는 호놀룰루시의 로열 하와이안 오페라 하우스(현재의 하와이주 최고 재판소가 있는 장소)에서 성대한 환영회를 열었는데, 이를 환영한 것은 코리아계 이민자만이 아니었다. 하와이의 정치가 감리교 교단의 간부도 얼굴을 내밀었던 것이다. 또 감리교 교단도 이승만을 환영하였다. 감리교 교단은 하와이에 오기 이전부터 이승만의 활동을 지지하고 있었다. 졸업 후 미국 본토에서의 독립 운동도 지지하고 있었다. 그 때문에 감리교 교단은, 1905년에 감리교 교단 본부가 1만 8천 달러의 자금을 제공하여 세운 기숙학교(후에 '한인중앙학원'이라고 불린다)의 교장에 감리교 교단이 계속 지원한 인물이 부임하는 것을 기뻐한 것은 물론, 그 인물이 현지 미디어로부터 다음과 같이 높게 평가된 것을 바람직한 일로 받아들였다. '정치적 운동가인 이승만 박사는, 크리스도교의 신앙심에 의해 이번에는 현지의 코리아계 그리스도교 기숙학교의 교장이 되었다.'

2_ 독립 운동의 발전 : 민족 교육과 교회 활동

하와이에서 이승만이 이민자들에게 호소한 것은 애국심을 가지는 것으로, 조국을 위해 어떠한 행동을 일으키는 것이었다. 어느 이민자는 이승만이 집회에서 다음과 같은 발언을 반복한 것을 기억하고 있다. '당신은 코리안이 되던지(You be Korean) 안 되던지, 둘 중 하나밖에 없다.' 후년, 이승만의 측근이 된 로버트 T. 올리버도 이승만이 재외 조선인을 향해 다음과 같이 말한 것을 기억했다. '제군과 국가와의 관계는, 몹시 떨어져 있어 나라를 사랑하고 구국을 위해서 힘쓸 이유는 없다고 생각할 지도 모른다. 따라서 이 생각에 대해 경계를 해야 한다. 그 하나는, 나라를 파괴하려고 하는 사람이며, 다른 하나는 희망이나 책임감을 가지지 않고, 소극적으로 방관하는 사람이다.'

이승만의 이러한 발언에 코리아계 이민자들은 호응했다. 당시 10대였던 코리아계 이민자는 그 때의 모습을 다음과 같이 말하고 있다.

우리는, 조선 사람들에게 도움이 되는 것은 뭐든지 했다. 언제나 100퍼센트의 힘을 쏟아 몰두하였다. 최종적으로 대부분의 사람이 최저 1개월 1달러나 2달러의 기부를 하게 되었다. 당시 하루에 1달러 버는 사람도 있었고, 이 금액은 여전히 고액이었다.

이승만이 특히 힘을 쏟은 사업이 있다. 그것은 코리아계 이민자 자제에 대한 민족 교육이다. 이승만의 민족 교육은, 당시 조선에서 금지된 민족 문화를 해외에서 존속시키는 것으로, 애국과 독립의 정신을 길러, 독립 운동가를 기르는 것이었다. 이승만이 하와이로 와 교장으로 취임한 기숙학교(후에 '한인 중앙 학원'으로 개명)는, 민족 교육의 일관으로 조선사나 지리, 한문을 가르치게 되었다.

이승만은 이민자의 자제에게 '코리안'으로서의 자부심을 갖고 장래에는 독립 운동을 이끌어 가는 지도자가 되도록 다음과 같이 말했다.

자네들은 미국에서 태어났기 때문에, 미국인일지도 모른다. 그러나 피는 코리안이다. 언젠가 자네들의 손으로 새로운 코리아를 세우는 날이 올 것이다. 그러니까 일상적으로 코리안들과 교제하는 편이 좋다. 그리고 조국을 실로 사랑하고 있다면, 조선의 말과 역사를 배우고 외국인과 결혼하지 않는 것이다.

이 민족 교육과 조국 독립 운동에 중점을 둔 이승만의 교육은 자제의 부모로부터 열렬한 지지를 받았다. 어느 코리아계 2세는 부모님이 자신에게 이와 같이 가르치고 설득한 것을 기억하고 있다.

부모님은 나에게 코리안으로서의 의식을 제대로 가지도록 말했다. 어머니는 자주, 조선은 역사적으로 위대한 나라라고 말했다. 그리고 부모님은, 우리 형제가 교육을 받아 언젠가 이승만의 독립 운동에 관련이 되면 좋겠다고 바라고 있었다.

3_ 독립 운동의 조락 : 이민 사회의 분열

박용만과 이승만이 하와이의 항구에 내리고 나서 불과 2년 후, 하와이의 독립 운동은 급속히 기세를 잃어갔다. 그 배경에는, 다음과 같은 두 개의 사정이 존재하고 있었다.

하나는, 감리교 교단으로부터 코리아계 이민의 교회 활동과 교회 부속의 기숙학교에 대한 비판적인 소리가 전해지게 된 것이다. 감리교 교단의 코리안과 일본계 이민 담당의 윌리엄 프라이(William Fry) 목사는, 1914년 1월부터 이승만이 교장을 하고 있던 한인 중앙 학원의 고문을 맡고 있었고, 과격화되는 독립 운동을 앞두고 교회 부속의 학교는 정치적 운동과의 구별을 분명히 해야 한다고 생각하게 되었다. 그에 따라 프라이 목사는 코리아계 이민자들이 학교 부지에서 정치적 활동을 실시하는 것을 금지하고 이승만의 활동에 대한 경제적 지원도 제한하게 되었다.

또한 교단도 교회 활동과 정치 활동이 혼연 일체가 되고 있는 코리아계 감리교교회의 활동에 의심을 품게 되었다. 교회에서 실시하는 운동 단체에의 모금 활동을 금지해, 정치 집회를 제한하도록 지도하는 등 코리아계 이민의 교회 활동을 둘러싼 환경에 변화가 생겼던 것이다.

또 하나는, 이승만파와 반 이승만파(박용만파)의 대립이다. 앞서 말한 대로, 이승만과 박용만은 독립 운동에 대한 방법론의 차이(외교 노선과 무장투쟁 노선)가 명확했다.

계기는 박용만파가 권력을 장악하고, 교단으로부터 종교 활동과 정치 활동을 분명히 구별하도록 지도받은 감리교교회에서 이승만이 이탈한 데 있다. 이 때 이승만이 '코리안의 일은 코리안이 결정할 자격이 있다'고 한 말에 찬동한 80명 가까운 목사나 신자도 모두 감리교 교회를 떠나갔던 것이다. 그리고 이승만과 이승만파가 무종파의 새로운 교회 '한인 기독교회(Korean Christian Church)'를 설립하여 활동을 시작한 당시, 감리교교회를 떠난 신자는 교회를 떠난 이유를 다음과 같이 말하고 있다.

어머니가 감리교 교회를 그만두자고 한 이유는, 우리의 돈이 교단에 사용되는 것보다는, 독립 운동에 사용되는 것이 좋으니까 라고 하는 이유였다. 어머니는 아버지에게도, 한인 기독교회로 옮기면 우리의 돈이 코리안을 위해서 사용되게 된다고 설득했다.

나는 언제나 조선의 말과 문화가 사라져 버리지 않는 것을 바라고 있었다. 그래서 조선의 독립 운동을 지지하여, 모금 활동도 많이 했다. 그러나 감리교 교회의 임원으로부터 교회로서는 그러한 활동을 지원할 수 없다고 전해 들었다. 그래서 나는 감리교 교회를 떠나기로 했다.

반대로 감리교 교회에 남은 사람들은, 남은 이유에 대하여 다음과 같이 말했다.

그리스도교회는 정치의 장소가 되면 안 된다고 생각하게 되었다.

그러나 이러한 하와이에 있어서의 조국 독립 운동은 1919년에 새로운 국면을 맞이했다. 1919년 3월 1일, 조선에서 독립 운동 '3·1 운동'이 일어나, 같은 해 4월 하순에 상하이에서 '대한민국 임시 정부'(이후, '상하이 임시 정부'라고 한다)가 수립되었기 때문이다. 이에 수반하여 상하이 임시 정부의 국무총리로 취임한 이승만은, 1920년 12월에 상하이로 향하기 위해 하와이를 떠나갔다(이 때 내무 총장에 안창호가 취임하고, 안창호도 1919년 5월에 상하이로 향했다). 또 박용만도, 하와이에서 1919년에 결성된 '독립단(The Korean Independence League)'의 대표로 임시 정부에 참가하기 위해 상하이로 떠나갔다. 이렇게 하여 하와이의 운동가들은 독립 운동의 새로운 거점이 된 상하이를 향해 차례차례로 하와이를 떠나갔던 것이었다.

이상의 독립 운동의 발전과 조락의 과정에서, 하와이에 있어서의 조국 독립 운동에 대하여 다음의 점들이 분명해졌다. 그것은 하와이에서의 조국 독립 운동은 운동가들이 하와이에 오기 전에는 거의 존재하지 않았다고 하는 것이고, 운동가들이 일반 이민자들을 계몽하는 형태로 발전했다고 하는 것이다. 이것은 하와이의 코리아계 이민자들의 독립운동이 '아래'로부터 퍼진 것은 아니고, '위'로부터 퍼진 것을 의미한다. 이민자들이 계몽되어가는 모습에 대하여 운동가 박용만은 다음과 같이 말하고 있다.

10년 전을 되돌아보면, (중략) 당시는 교회가 무엇인가 공회가 무엇인가 그것도 분별 못하고 있었다. 몹시 혼돈되고 있어, 굳이 말한다면 공회, 교회는 물론 나라를 모르는 사람도 많아, 나라를 제쳐놓고 자신의 몸마저 지키는 방법을 몰랐다.

당시 운동가와 일반 이민자들 안에는, 출신 계층이라는 면에서도 민족주의라는 면에서도 큰 차이가 있었다. 독립운동가는 조선에서 교육을 받아 '조선인/한국인'으로서의 의식을 강하게 가지고 있던 것에 비해 일반 이민자들은 근대화가 진행되지 못한 조선에서는 교육을 받을 기회가 없었고 민족주의에 노출될 일도 없었기 때문에 민족적 정체성이 희박했다.

그리고 운동가들이 이민자들에게 확산시킨 애국심에 의해서 코리아계 이민자들의 정체성은 민족적으로 변해갔다.

즉 저명한 운동가들에 의해 이민자들은 '코리안'으로서의 정체성을, 조국이라고 하는 민족적 차원에서 파악하는 사고방식을 가지게 되었던 것이다. 이 흐름 안에서 출신지를 나타내는 카테고리로부터 파생된 '코리안'으로서의 지역적인 차원의 정체성은 민족적인 양상을 나타내 가는 것이었다.

그러나 하와이에 있어서의 조국 독립 운동은, 일반 이민자가 주체가 된 '아래'로부터의 운동이 아니고 운동가 등이 가져온 '위'로부터의 운동이었다. 1919년에 운동가들이 상하이 임시 정부에 참가하기 위해 차례차례로 하와이를 떠나 버리면서 독립운동은 급속히 기세를 잃어 갔다. 그 결과, 1910년대 초에 최고조에 달했던 하와이에 있어서의 조국 독립 운동은 1920년대 초 무렵에는 종식되어 사람들의 관심도 조국이나 독립 운동으로부터 떨어져 가게 되었다.

호놀룰루 북부에는 '한국 독립 문화원'이 지어져, 그 안에는 하와이 독립 운동 전시관이 있고 정원에는 '무명 애국지사 추모비'가 세워지고 있다.

최근의 소식에 의하면, '한국 독립 문화원'은 다른 회사로 매각되었다고 한다.

(2017. 3. 26)

9. 하와이 이민 100년사

1882년, 미국은 중국을 배제하는 법률을 제정하여 아메리카합중국에 중국인의 출입국을 금지했다. 하와이가 미국의 영토가 되었을 때, 중국의 노동자는 하와이에의 이주가 허락되지 않았다. 노동자 부족을 상쇄하고 노동조합을 약화시키기 위해 하와이의 사탕수수 재배자는 조선을 뒤돌아보았다. 1902년, 재배자는 호러스 알렌(미국의 한국 대사)을 만나기 위해 대표자를 샌프란시스코로 보냈다. 알렌은 데슬러(Deshler)의 도움을 받고, 농장에 한인을 투입하기 시작했다. 데슬러는 한국과 일본 사이에 운영하는 기선편을 소유하고 있었다. 하와이의 사탕수수 재배자 협회는 입국하는 한인을 위해서 데슬러에게 55달러를 지불하여, 데슬러 은행(인천거리에 위치)은 이민 수송을 위해 100달러의 융자를 이민 회사에 제공했다.

1) 1902년 12월 하와이로의 이민

121명의 한인은 기선 겐카이호에 승선하여 큐슈의 나가사키항으로 향했고, 거기서 하와이행의 미 태평양 횡단 기선, 게이릭크호(S.S. Gaelic) 로 갈아탔다. 1902년 12월 22일, 121명의 한인은 조국을 출발했으나 나가사키항에서 신체검사를 받고 19명이 하선 당한다. 그리고 102명만이 1903년 1월 13일, 하와이의 호놀룰루에 도착했다. 최초의 그룹은 56명의 남성, 21명의 여성과 25명의 아이들이다. 1903년 2월 10일, 2차 이민단 90명은 제물포를 출발, 나가사키에서 Coptic호에 환승하여 3주간 걸려 3월 3일, 호놀룰루에 도착했다. 그러나 신체검사를 받고 63명만이 하와이 입국이 허락되어 카크아 농장으로 이동했다. 1902년부터 1905년 4월까지 65회에 걸쳐, 7,200여 명이 하와이로 이민을 갔다. 7,000명 이상의 한인 이민자들은 하와이의 사탕수수밭에서 초기의 이민자들과 합류했다. 대부분의 이민자는 독신이었고, 가족은 조국에 두고 왔다. 그들은 임금을 절약하여 조선에 귀국하는 것을 바라고 있었다. 대략 2,000명의 한인만이 한국에 귀국할 수 있었다. 그러나 1905년까지, 일본 정부는 반도로부터의 이주를 금지했다. 한편 1907년의 미일 신사협정에 의해, 한국으로부터의 노동자 이민은 금지되었으나 아내는 미국에 있는 남편과의 재회를 인정하는 조항이 포함되어 있었다. 이 법률이 '사진신부'의 제도를 개시시켰다.

2) 1904년 11월 교회의 설립

하와이 호놀룰루의 리버거리에 감리교교회가 최초의 그리스도교 포교를 실시하여, 다음 해인 1905년에 한국 감리교통일 교회가 설립되었다.

3) 1905년 7월 9일 포츠머스 평화 회의

미국의 시어도어·루즈벨트 대통령이 아시아에서의 영토 화해를 위해서 포츠머스 평화 회의를 소집했다. 이 화해가, 일본으로 하여금 한국을 자기의 보호령이라고 선언하는 것을 가능하게 했다. 그 결과, 한인의 하와이에의 출입국은 정지되었다.

4) 1907년 조국의 해방운동

조국을 일본으로부터 해방시키기 위해, 1907년, 합동 한국인 협회가 결성된다. 1909년에는 샌프란시스코 단체와 결합한다.

5) 1910년 한일합방

1910년 일본이 한국을 병합하여, 하와이의 한인과 일본인과의 사이에 긴장이 높아진다. 약 1,000명의 한인 이민자가 병과 사망 시기를 걱정하여 조국으로 돌아간다. 그러나 병합 후, 보다 많은 한인들과 노동자의 처자가 조국을 떠났다.

6) 1912~1913년

한국의 애국 청년 박용만은 1912년에 하와이에 도착하고, 그 다음 해 이승만이 뒤를 이어 도착했다. 이승만은 한국 기독교회를 설립해, 동지회를 이끄는 정치적, 교육적 주도권을 장악한다.

7) 1914년 8월 29일 사관학교 설립

박용만은 한국민족주의 단체를 결성하여, 'Ahuimanu'에 한국 독립을 위한 사관학교를 설립하고, 사관후보생을 양성한다.

8) 1913-1919년 사진신부

이 시기, 한국으로부터 하와이로 도착한 사진신부는 절정에 달했다. 제1차 대진 시, 하와이의 한국인은 재봉소 일이나 세탁 회사를 경영하여 성공한다. 1918년 7월까지 미 육군에의 한인 청년의 입대는 163명에 이르렀다. 1915년부터 한인 이민자들은 파인애플농장에서 일한다.

9) 1919-1920년 독립 운동

한국의 독립 운동은 1919년 고종 황제의 사망 후 절정에 달했다. 한인 지도자들은 상하이로 망명한다. 이승만은 상하이 임시 정부의 대통령으로 선출되어 1920년에 상하이로 건너간다. 하와이의 한인들은 임시 정부를 설립하기 위해 채권을 산다.

10) 1923년 기독교회 창립

1923년, 리리하 대로에 한인 기독교회가 새롭게 세워졌다. 멤버는 근처 섬으로부터 사진신부들이 와서, 교회가 만원이 되었다. 다른 신참은 감리교교회에 참가한다. 미국 정부는 하와이 출생의 한인 어린이들에게 증명서 교부를 지령한다. 미국인이 되고 싶다고 하는 그들의 소망을 실현시켰다.

11) 1925-1930년

'코리안 타운'이 Wahiawa에 만들어지고 붐을 일으켜, 농장 이외로의 취업 장소가 되었다.

12) 1939년

Joe Kim이 김치 만들기를 시작하여 김치 비즈니스가 하와이 시장에 열렸다.

13) 1941~1945년 포로

제2차 세계대전에서 의문이 제기되는 내용이다. 일본의 여권을 가지고 있던 외국 출생의 한인들은, 전쟁 동안 1,200명이 포로로서 Wheeler Field에 가까운 수용소에 억류되었다. 한인 미국 병사들은 그들을 감시하도록 명령받았다.

14) 1947년 한국 문화 센터

KNA(한국 합동 협회)는 Punui에 본부용 건물을 마련했다. 오늘날 하와이 '한국 문화 센터'로 알려져 있다.

15) 1980년 현재 한국 연구 센터의 개설

조국에 대한 문화적 인식이 높아졌다. 하와이로의 이민이 계속 행해져, 2,000년의 국세조사에 의하면 하와이에 23,537명의 한인이 있다는 것이 판명되었다. 그 이민 증가가 100개 이상의 한인 교회와 불교공동체의 성립에 박차를 가했다. 한국 독립 문화원에서 한국의 역사와 문화를 가르치기 위하여, 2,000년에 설립 계획에 착수한다. 그러나 2016년 6월경에 이 문화원이 폐관되었다 한다. 그리고 한국 연구 센터는

1973년 마노아하와이 대학에 개설된다.

　현재의 하와이 대학교 내 한국학 연구소(한국 연구센터)의 소장은 리상협 교수이다.

문헌〉

1) "Koreans in Hawaii: 100 Years of Dream. A Chronicle of the Last 100 Years", Yahoo Japan, 2015.

(2017.1.25)

10. 사탕수수 농장 이민자들의 독립 운동

1_ 최초의 미주 입국의 배경

1882년 5월 22일에 채결된 조미 수호 통상조약은, 타국이 불법으로 양국을 침범했을 경우 상호 돕는다고 하는 조약이었다. 조약 체결 후 미국은 한국의 광산 개발이나 경인철도의 부설권을 획득했다. 그 다음 해, 한국의 사절단 8명이 미국으로 향했다. 친선 대사인 민영익 일행은 1883년 9월 2일 샌프란시스코에 도착해 아서(Chester A. Arthur) 미 대통령과 만나 고종의 친서를 건네고, 뉴욕의 호텔에서 대통령과 대담을 했다. 일행은 9개월간 미국에 체재하며 미국의 문물을 견학하고 다음 해인 1884년 5월 30일에 귀국했다.

1884년에 귀국한 서광범과 홍영식은 김옥균·박영효·서재필과 공동으로 같은 해 12월 4일 갑신정변을 주도하여 국가를 개화하려고 했으나 정변은 실패로 끝나, 서재필·서광범·박영효 등은 정치 망명자로서 샌프란시스코로 피난했다. 그러나 그들은 귀국하여 조선의 근대화와 자주 독립을 위해 김옥균 등과 독립당을 조직하여 갑신정변을 일으킨 후 김옥균과 함께 일본으로 망명한다. 다음 해, 21세의 젊은 서재필은 1885년에 일본에서 도미하여 필라델피아에서 의사가 되었으며 1947년에는 일시 귀국하여 미군정청의 최고 고문으로 활약했다. 1948년에 다시 미국으로 돌아가 1951년 1월 5일에 그 생애를 끝냈다. 한국 내에서는 혁명가·민중계몽가, 미국에서는 독립투사·의사·실업가로서 평가되고 있다.

2_ 미국 망명과 하와이 이민

19세기 말, 미국은 소수의 한국인에게 피난국이었다. 1885년 3명의 정치망명자들이 미국으로 피했고, 그 뒤로 5명의 한국인이 1899년에 미국에 도착했으나 중국인으로 오해되었다. 1890~1905년 사이에 64명의 한국인들이 기독교 선교사 학교에서 배우기 위해 하와이로 여행을 갔다.

한국인의 미국 초기 이민의 큰 파도는 1903년에 시작된다. 그것은 하와이, 사탕수수밭의 농장주가 농장에서 일할 기회를 준 것에 의한다. 1902년 12월 22일, 121명의 한인들은 일본선 겐카이호를 타고, 조국 인천의 제물포항을 출항했다. 일본의 나가사키를 경유하여, 미선 게릭크호로 갈아타고 신체검사에 합격하지 못한 19명 이외의 102명이 1903년 1월 13일, 호놀룰루에 도착했다.

하와이 이민은 1905년 4월까지로, 그 이후는 중단되었다. 조일 간에 1905년 11월 을미 보호조약이 체결되어 대한제국의 외교권이 일본에 의해 완전히 박탈되었기 때문이다.

2008년 6월에는 하와이나 중남미로의 이민을 기념하여, 인천에 한국 이민사 박물관이 개관했다.

3_ 하와이 이민의 애국자들

1) 장인환

1905년 하와이에 이민한 후 본토로 이주했다. 샌프란시스코의 스티븐스(Durham Stevens)는 고종 황제의 고문으로, '일본이 한국을 통치하지 않으면 안 된다'라고 미국의 언론계에 기고문을 게재했다. 이 기사로 1908년 3월, 장 씨는 샌프란시스코로 가 스티븐스를 저격 살해하였다. 이 재판에 대하여 미국 한인들은 7,200불이나 모금을 모아 재판을 후원했다. 장 씨는 2급 살인범으로 25년형을 선고 받았으나, 10년째에 모범수로서 석방된다. 조국으로 돌아왔다가 황만식 목사의 주례 아래 결혼하고 다시 미국으로 건너갔다. 그러나 '우울증'을 극복하지 못하고 1930년에 자살하여 그 생애를 끝냈다.

2) 김종림

1905년 하와이로 이민. 미국 본토로 이주하여, 북 캘리포니아주에서 미곡상을 경영한다. 사재 30,000불을 투입하여 비행기 2대를 구입한다. 한인 비행 학교를 설립, 비행사를 양성하여 일본과 싸워 공군력을 통해 일본에 승리하는 것을 목표로 했다. 상하이 임시 정부의 비행 학교도 운영했다. 그러나 1921년, 대홍수로 파산하고 비행 학교도 폐교했다.

3) 김성권과 강혜원

김성권은 1903년, 강혜원은 1905년에 각각 하와이로 이민했으나 미국 본토로 이주한 두 사람은 샌프란시스코에서 결혼했다. 강 여사는 1919년, 카주의 다누바(Danuba)에서 대한 여자 극단을 결성하고 매년 3·1 운동의 기념행사를 주관하면서 일본 식품의 배척 운동이나 독립 자금의 모금 운동을 전개했다. 남편 김 씨도 흥사단의 이사장이 되어, 같은 독립 운동에 참가했다.

4) 양주운

1903년, 첫 이민선을 타 하와이에 왔다가 1905년 샌프란시스코로 이주했다. 대동보국회의 창립 회원, 국민회 창단에 참가, 흥사단 발기인 등을 역임했다. Sam's 식당을 경영하고, 은퇴할 때까지 한인 사회를 위해 살았다. 1970년대 후기에는 도미 한국인들을 위해 샌프란시스코에서 지원 활동을 실시한다. 서거 후 1997년, 한국 정부로부터 건국 훈장 애국상이 수여된다. 희유한 애국자의 한 사람이었다고 말할 수 있다.

호놀룰루 북부에는 한국 독립 문화원이 있어, 거기에는 하와이 독립 운동 전시관

한국독립문화원
(호놀룰루)

한국독립문화원의
비석

이 있다. 정원에는 '무명애국지사 추모비'가 세워져 있다.

문헌〉

1) 「미주 한인 100년의 발자국」, liberum & folder, blog, 2010.

(2016.11.3)

11. 대법원장, 시장과 모제 LEE 가족 외

    1902년 12월 22일 인천 제물포항을 출항하여, 1903년 1월 13일 하와이 호놀룰루항에 도착한 조선 왕조 말기의 한인 이민자들은, 하와이주의 사탕수수 농장에서 어느 민족보다 근면하게 일하면서 각자의 가정을 쌓아 올렸다. 오늘, 4~5세대의 시대를 맞이하여 후손들의 하와이 사회에서의 교육 · 경제 · 정치 부문에서의 성장과 발전을, 몇몇의 가족을 통해 엿보기로 했다. 2016년 1월 16일, 나는 하와이 이민사 연구를 위해 호놀룰루에 제1차 방문을 실시했다.

1_ 로날드 Moon(Ronald Moon, 문대양, 62세) 대법원장

    1903년 1월 13일 기선 게이릭크호를 타고 하와이 호놀룰루항에 내린 최초의 이민선에, Moon 대법원장의 할아버지 문정현 씨와 외조부 리막기 씨가 승선해 있었다. 할아버지 문정현 씨는 평양 출신으로 외조부는 서울 출신이었다. 문정현 씨는 하와이 섬의 호노카(Honoka) 사탕수수 농장에서 일하고 있었고, 이후 사진신부와 만나 결혼했다. 그리고 이 부부의 사이에 3남 1녀가 태어난다. 이 중의 2남이 하와이주 대법원장의 아버지인 문덕막(Duke) 씨이다. 사진신부였던 조모는 26세에 사망하지만, 그 전에 가족들은 오아후(Oahu) 섬으로 이주한다. 할아버지는 와이아루아(Waialua)의 농장에서 일을 찾았고, 일급은 69센트였다.

    Moon 판사의 외조부는 와이아루아(Waialua)의 사탕수수 농장에서 일했다. 이윽고 와이아루아(Waialua)로 옮겨, 당구장과 양복점을 연다. 외조부 리막기 씨는 이발관을 경영해 기반을 쌓아 올린다. 같은 지역에 거주한 문 씨와 리 씨의 두 가족은 서

로날드 문
재판장(왼쪽)과
오키나와 대학 교수

로가 인척 관계가 된다. 문 씨의 아들, 한인 2세의 문덕막(Duke) 씨는 같은 한인 2세의 리 씨의 딸 메리 양과 만나 결혼하게 된다. 후일 하와이 최고 법관이 되는 3세 문대양이 태어난다.

Moon 판사는 1958년 미드펙크 고등학교를 졸업, 미주 본토 아이오와주의 대학에 가게 된다. 대학에서 심리학과 사회학을 전공한 Moon 판사는 1962년 학사 학위를 취득, 그 해 가을 아이오와 주립대학 법학과에 진학한다. 거기서 후일 법관이 되는 길을 닦게 된다.

1965년 법학과를 졸업하고 변호사 자격을 획득한 Moon 판사는 하와이로 돌아가, 당시 하와이 연방지방 마턴 펜스 사무소에서 일하게 되어 법조계에 발을 디딘 후 검사직을 거쳐 합동 법률 회사를 설립하여 14년간 변호사로서 활동했다. 1982년 판사의 공직에 복귀하여, 대법원장까지 올라갔다.

한인 초기 이민자들은 사업으로 성공한 일부를 제외하고 대부분이 빈곤 속에서 살았지만 아이들에 대한 교육열은 특별했고, 이것이 후세에 '화려한 개화를 가져오는 근원'이 되는 역할을 수행했다.

○ Moon 대법원장의 가족

형제는 3남 1녀: 장남 - 로날드 Moon, 차남 - 에릭 Moon(변호사), 3남 - Jr. Duke Moon(공
  무원), 막내딸 - 언어 치료 전문사(재오레건주).
자녀: 아들 2명 - 의사와 공무원, 딸 1명, 손자가 5명.

위와 같이 110년 전 하와이로 와서, 노동 이민으로서 뿌리를 내린 문장기 씨 손자
는 어느새 5대까지 뿌리를 늘렸던 것이다.

　Moon 판사의 아버지는 65세에 사망했고, 어머니는 15년간 '듀크 의복점'을 계속
경영했다. 가게에서의 긴 시간 외에, 가정생활 속의 많은 부분은 교회가 차지하였다.
양가의 할아버지들은 Wahiawa 한인 사도 교회의 설립에 참가했고, 부모님은 교구
활동에 열심히 참여하고 있었다. Moon 판사의 아버지는 성가대 지휘자, 주일 학교
선생과 교례회 그룹의 리더였다. 또 어머니 메리는 교회 봉사로 피아노를 연주했다.

　"우리는, 일요일에 교회에서 거의 모든 일과를 보냈습니다. 수요일은 성가대 연습
을 실시하고, 금요일에 우리는 예배 회의를 열었습니다"라고 Moon 판사는 회상했
다. "거기는 정말로 한국인을 위한 장소였습니다. 그리고 민족의 교회였습니다"라
이야기한다. 그의 아버지는 지역 봉사 활동의 가치를 믿어 로터리와 라이온즈 클럽
의 멤버, Wahiawa 한인 비지니스맨 협회의 이사장이었다. 그의 아버지는 원조를 요
구하는 사람은 누구라도 돌보았다고 Moon 판사는 말한다.

　1971년, Moon 판사는 처음으로 한국을 방문했다. 아버지처럼 재봉사로서 일하던
숙부를 만났으나, 이 경험은 그의 가족 이야기를 전망시켰다. "숙부는 약 20×20피트
대의 골판지와 합판으로 만들어진 건물에 살고 있었고, 그곳은 가게와 주택을 겸용
하고 있어, 그는 아내와 아이들과 함께 그곳에 살고 있었습니다."

　숙부는 '당신의 조부모는 보다 즐거운 인생을 위하여 이국땅으로 가, 당신들이 오
늘 갖고 있는 모든 기회를 주기 위해 위험과 희생을 지불했다는 것을 분명하게 이

해할 수 있다'라고 이야기했다고 한다.

Moon 판사는 회견 시 '나는 110퍼센트 한국인입니다'라고 이야기했다. Moon 판사는 현재(2016년) 정년을 맞이하여 판사장에서 은퇴했다고 말한다.

2_ 하리 Kim(Harry Kim, 김)

하리 Kim은 하와이 빅 아일랜드의 시장이다. 미합중국에서 미국인 공무원으로서 한인이 시장으로 선출된 이는 그가 처음이다.

부친 Kee Kim에게는 8명의 아이가 있었는데 2명은 사망했다. 부친은 Ola'a농장에서의 일을 끝내고 귀가하면, 집의 뜰에서 채소를 재배하여 그 채소를 판매했다. Kee Kim의 아내 Yamul Lim은 가정을 위해서 심야까지 열심히 직물 일을 했다. 둘째의 아이인 하리 Kim은 lauhala(할라 나무의 잎)를 다른 길이로 절단하는 작업을 하고 있었다. 당시, 부모님은 아이들이 대학에 다닐 돈을 가지고 있지 않았으나 아이들에게는 다닐 방법을 찾아내도록 호소하고 있었다.

하리 Kim은 가족의 고난에 대하여 "우리 모두는 그 누구도 노는 방법을 모를 정도로, 정말 열심히 일했습니다. 집 주위에는 책이나 신문 등이 없었습니다"고 이야기한다.

하리 Kim의 할아버지는 북한 출신으로, 신부는 사진신부로 하와이에서 중매결혼을 했다. Yamul Lim은 1919년대에 사진신부로 부산을 떠났으나, 그것은 하와이에서 일하여 돈을 모아 그녀의 형제에게 교육을 받을 수 있도록 송금하기 위한 것이었다.

Kee Kim의 조상이 언제 하와이에 도착했는지 정확하게는 모른다고 한다. 그의 친척 전원은, 1910년에 일본의 조선 병합에 반대하여 싸우는 동안 대부분이 사망한 것 같다고 이야기한다.

Kee Kim의 아이들은 대부분이 대학을 고생하면서 졸업하여 선생, 실업가, 삼림경비원, 엔지니어와 정치가가 되었다.

김 시장의 어머니 Yamul은 정규 교육을 받지 않았으나 비즈니스 방면에 주목할 만한 두뇌를 가지고 있었다. 그녀는 한인과 한국어나 혼합어 영어를 쓰고, Ola'a의 이웃집의 새로운 일본인에게서는 일본어를 배웠다.

Yamul은 결코 은퇴하지 않고 1960년대 무렵부터 김치 비즈니스를 시작하여, 저금을 저축하고 20,000 달러로 Olu 대로에 자기의 시설을 건설했다. "그녀는 자기 자신을 매우 자랑스럽게 생각하고 있었습니다. 그녀는 아무도 재정적으로 그녀를 도울 필요가 없다고 말하여, 매우 자립해 있었습니다"고 장녀 안 리는 말한다. Yamul은 82번째의 생일 1개월 전인 1984년에, 그녀가 수면 중 서거했다.

해리 Kim 시장의 누나, 한 손 베리는 "우리에게는 장난감 등이 전혀 없었고, 일반적인 어린이 시절을 보낼 수 없었다. 그것이 우리를 독립시켜 보다 강한 인간으로 했다. 오늘로 말하는 어린이 시대, 우리는 아무것도 가지고 있지 않았다. 우리는 열심히 일하지 않으면 안 되었고, 이것에 감사하고 있다"고 이야기한다. 현재, 해리 시장은 1기를 쉰 후에 시장에 재입후보 하려고 한다.

3_ Woo 일가

누구라도, 호놀룰루의 스펜서거리에 있는 메리 폰 Woo의 집을 알고 있을 것이다. 그 집에서 온가족이 모여, 와이키키 해안을 바라보면서 매 주일과 감사제의 날을 축하하고 김치와 불고기 요리를 만들어 아이들을 불러 먹었다.

메리 Woo는 사진신부로, 카와이의 Kipu 농장에서 일하던 틴쵸 Woo(우) 씨에게 본국에서 소개되어 왔다. 두 분은 1914년, 즉시 결혼했다. 12년간 10명의 아이를 낳고 가족을 지키기 위해서 메리 Woo는 열심히 일했다.

메리 Woo는 캠프에 있는 독신 남성용 양복바느질이나 세탁을 하고 돈을 벌었다. 그 이후 그녀는 포르투갈의 감자, 빵과 도너츠를 만드는 방법을 배워, 농장 노동자들에게 팔기도 했다. 그녀는 닭과 돼지를 기르고, 또 투명한 술을 은밀하게 양조하여 팔기도 했다.

여름 동안, 아이들은 1일에 25센트의 임금으로 오전 6시부터 오후 4시까지 사탕수수밭에서 일했다. Woo 가족 전원 12명은 침실 세 개짜리 농장 하우스에 거주했다. 어린 아들 2명은 부모님과 잤지만, 나머지 방은 초만원 상태가 되었다. 가난하지만 행복했고, 아이들은 결코 불만을 말하지 않았다. 산사과나 구아바를 따고, 가까운 저수지에서 헤엄치거나 페스티벌에서 춤추거나 하고, Huleia에 사는 기쁨을 느끼고 있었다.

가족의 4번째에 해당하는 드라 리(84세)는 "우리에게는 많은 즐거움이 있었습니다. 온종일, 사탕수수밭의 연못에서 헤엄치면서 보냈습니다. 내 얼굴이 검었기 때문에, 사람들로부터 하와이인이라고 오해를 받았습니다"고 이야기한다.

1939년, 가족은 호놀룰루의 데이 톤 대로에 있는 침실 세 개짜리 작은 집으로 이사했다. 그 다음 해, 남편 정조 Woo는 61세가 되었다. 한국의 풍습에 의하면 61세에 전 생애를 완수한 것이 된다고, 아내 메리 Woo가 남편의 생일을 축복했다. 그리고 그는 수 년 후 폐렴으로 사망한다. 이 부부는 한국어만을 이야기하고 영어는 사용하지 않았다고 한다. 한편 2세들은 미국 문화에 길들어져 한국의 풍습이나 말을 사용하지 않았다. 그러나 그들이 기억하고 있는 한 가지 일이 있다. 그것은 한국의 요리였다. 만두, 김치, 불고기, 국이며, 이것이 Woo 가족이 잃어버리지 않았던 유일한 민족 문화이다.

아로하 항공의 사무 매니저인 파크 양(28세)은 한국어와 일본어를 더 배우기로 결심하고, 10년간 일본 학교에 다녀 일본어를 배우면서, 그녀 자신의 이중 민족성을 깨닫는다. 그녀는 자신의 민족의 전통 뿐만 아니라, 타 민족의 전통도 배웠던 것을 감사하고 있다. 2년 후, 파크 양은 매년 개최되는 일본의 48주년 사쿠라 축제에서, 여왕의 타이틀을 얻은 최초의 한국계 미국인이 되었다.

하와이로 이민 간 Woo 씨 일족은, 그 후 하와이, 캘리포니아와 플로리다로 분산하여 살면서 각자 사업을 일으키고 있다.

어느 해, 그들 일족의 제1회 가족 집회가 아라모아나 해안 공원에서 행해졌다. 거기에는 150명 이상의 Woo 씨 일족이 먼 일본이나 플로리다 등지에서 참가했다.

캘리포니아 새크러먼트에서 부동산업을 경영하는 로빈 Woo(51세)는 "우리는 부친이 사망하기 전에, 이러한 가족 집회를 열어야 했습니다. 거기에는 많은 인간애가 존재하고 있기 때문입니다"라고 말했다.

4_ 모제 LEE 가족

모제 리 Jr.는 미 공군 병사로서 오랜 세월 복무하여, 현재는 하와이 밀리아니 (Miliani)에 거주하고 있다. 할아버지 학조 리와 사진신부의 마조리 김은 북한의 개성으로 부터 일본군의 북진을 피하기 위해, 1903년 하와이로 이민을 왔다.

모제 리 Jr.는 "개성 출신 사람들은 용감한 국민으로, 그 마을에는 유명한 다리가 있어, 마을의 여성들은 일본군에 납치되는 것보다 다리에서 강으로 뛰어드는 것을 선택했다. 거기가 나의 할아버지 가족이 있던 마을이다"라고 이야기한다.

모제 리 Sr.(독립운동가)

아버지 모제 리 Sr.는 마우이섬에서 태어나 오하우섬의 고등학교에 다녔다. 17세 때, 공군 파일럿의 지위를 얻어 미군 호위대에 참가한다. 할아버지는 고령이 되어, 독립 투쟁에는 참가할 수 없었다. 리 Sr.는 그 때 21세였고, 여태껏 보지 못한 조국을 위해 싸울 수 있기를 바랐다. 리 Sr.는 1933년, 중국 상하이로 건너가, 대한민국 임시 정부 주석, 김구의 게릴라군에 참가한다. 그리고 장개석의 중국군 간부로 임명된다. 리 Sr.는 조국에 잠입하여, 일본 통치자의 암살을 지원했다. 그러나 김구는 그에게 그 어학력을 살려 서양 제국에 일본의 침략을 선전해야 한다고 설득했다. 그는 2년간 게릴라군의 임무에 복무하다가 말라리아에 걸려 영양실조 상태가 되어 하와이의 집으로 돌아간다. 조기에 회복하자 즉시 미 공군에 입대해 공군 낙하산 병사, 통역관, 행정 간부로서 봉사한다. "1997년, 뇌졸중으로 사망할 때까지, 자신의 지식에 대해 논의하는 것을 싫어했다. 아버지는 이야기가 능숙하고, 교회에서는 주차장의 관리 · 지도를 실시하여, 사람들로부터 리 장군이라 불렸다"라고 리 Jr.는 이야기한다.

리 Sr.가 선교단의 임무로 집에 없는 동안, 어머니 엘레인은 3명의 아이를 기르고 다른 가족들을 돌봤다. 아이들에게는 서양의 예의나 어학의 공부를 가르쳤다. 리 가족은 아버지가 근무한 북 캘리포니아의 공군 기지로 옮겼고, 딸은 간호학교에 다니고 4년 후 하와이로 돌아온다.

모제 리 가족
(상: 양친, 하: 모제 리)

리 Jr.는 고등학교 졸업 후 비벌리와 결혼해 2명의 아이를 낳는다. 그는 진주만에서 다양한 직업에 종사했고, 병으로 신장 이식을 받은 후, 1997년에 은퇴한다.

딸 멜라니는 "아버지 리 Jr.는 확실히 군인 그 자체였습니다. 무언가에 전념하면, 그것을 100% 달성시켰습니다. 아버지는 스스로의 활동이 아이들의 내일에 도움이 된다고 진심으로 믿고 있었습니다"라고 이야기한다.

나는 이번에, 리 일가의 가족 사랑과 단단한 정을 그 경력을 통해 알 수 있었다. 리 Jr.는 2015년, 67세로 하와이에서 사망하였다.

5_ 존 최(Choi)

북한의 함종에서 태어난 존 최(Choi)는 일찌감치 자유의 가치에 대해 배워 알고 있었다. 그는 1940년생으로, 부친은 철도원으로 일하고 있었으나 정권에의 협력을 거부했다고 해서 6개월 투옥된다. 아버지가 석방되었을 때 그는 4세로, 가족은 북쪽의 공산화를 피해 국경을 넘었다. 존은 러시아 병사에게 빵을 부탁했던 것을 기억하고 있다. 그는 10세 때 피난소의 캠프에서 살았고, 매일 탱크나 트럭, 총기나 병사들을 태운 기차가 북쪽을 향하는 것을 목격했다. 또, 그는 많은 미군들이 죽음을 무서워해 겁먹은 얼굴을 하고 있었던 것을 상기해 내었다.

존이 일곱 살 때 그의 학교 교사를 미군이 사용했는데, 그 차용 보수로 한 명의 학생을 미국에 유학시킨다고 했다. 존은 열심히 영어 공부를 해서 그 권리를 얻었으나, 학교에 화재가 일어나 그 우선권은 사라졌고 계획은 좌절됐다. 그의 영어실력이 미국 기독교 전도회의 주목을 받아 1959년 고등학교 졸업까지 번역자, 통역관으로서 교회에 채용되었다. 만약 그가 전도사가 된다면, 미국의 학교에 파견된다는 제의도 받았다. 그러나 존은 선교사가 되는 것을 바라지 않고 그 제안을 거절했다. 그의 진짜 꿈은 미국에서 회계학을 배우는 일이었다.

1973년, 그는 결국 도미의 기회를 얻게 된다. 그의 누나가 전쟁 신부로서 하와이로 이주하여 Hickam에 있는 미 공군 기지의 병사와 짧은 기간 결혼생활을 했다. 그 누나의 초청에 존은 응했던 것이다. 34세였던 그는 한국에서 대학 강사를 하고, 아내와 2명의 아이가 있었다. 가족을 위해 보다 나은 생활을 마련하고자 그는 가족을 남겨 두고 도미했다. 가족은 2개월에 한 번 카세트테이프로 녹음한 것을 주고받았는데, 그 테이프에는 5세의 아들 Mike와 3세의 딸 Sue의 작은 소리가 들어가 있었다. 하와이에서 그는 처음으로 자동차를 사서 매우 행복했다고 이야기한다. 1974년에 가족은 애리조나 기념관 건너편의 아파트의 침실 세 개짜리 집에 모인다. 존 Choi는 하와이주 교육위원회의 회계 사무원으로 일하며 연 6,000 달러의 수입을 얻고 하와이대학교 대학원에 다닌다. 당시, 생활비는 많이 들었으나 조국에 있었을 때보다 많은 수입을 얻고 행복을 느끼고 있었다. 가까운 가족들도 하와이에서 성공하게 된다.

누나는 연구실의 기술원이 되었고, 어머니(현재 83세)는 1972년에 하와이에 도착하여 Ward 거리의 카나이 두부 공장에서 일했다. 1980년에 하와이로 온 부친과 모친은 시민권을 취득하기 위해, 영어를 배우고 있었다. 아버지는 2001년에 사망한다. 남동생인 치 스우 Choi(현재 59세)는 1980년부터 하와이에 거주하여 와이키키에서 일루미전 요리점을 경영하고 있다.

아내 자넷은 존이 1979년에 설립한 회계 사무소에서 일하며, 남편을 설득하여 Liliha와 Kuakini 거리의 구석에 있는 mom-and-pop점을 연다. 그의 민족 교육은 아이들이 Punahou교에서 교육을 받을 수 있게 하는 것이었다. 그와 아내는 아이들의 수업료를 지불할 수 있도록, 1990년까지 집을 구입하지 않았다. 그들의 일은 바빴고, 가족 전원이 함께 식사를 할 시간이 없었다. 가족에게 유일하게 허용된 것은 아이들과 함께 맥도날드에 가는 것이었다.

그의 아들 Mike는 재정 감사원이 되어 프로 골퍼 제니 파크와 결혼했다. 딸 Sue는 치과의사가 되어 치과 대학 동급생 배리 훅크와 결혼한다. 최초의 손자, 카노에 훅크가 태어난다.

한인 하와이 이민 100주년을 맞이하여, 존은 민족공동체에 무엇을 보답할까를 생각하고 있었다. 그의 사업은 한인 사회를 이미 만족시키고 있었다. 그는 Keeaumoku 거리에 있는 감리교교회의 예배에 참석하여 이민자들과 교류하고 있었다. 북한의 친척과는 1년에 2번 편지 교환을 실시하고 있어, 존은 그의 친척이 북한의 난민으로 중국으로 피난한 이야기를 알고 있다고 한다.

그는 성공 이야기의 한 명일 지도 모르지만, 다른 사람들의 성공도 바라고 있다. "나는 이들 피난민의 고난에 대하여, 보다 많은 시간을 바치고 싶습니다"라고 존 Choi는 말한다.

문헌〉

1) "Koreans in Hawaii, 100 Years of Dream Accomplishment", HonoluluAdvertiser.Com. 2015.11.

(2017.3.1)

12. 인터뷰와 하와이 이민 이야기

2016년 3월, 나는 하와이 이민사의 새로운 연구를 위해 다시 하와이를 방문했다. 이전 방문 때에는 미국의 공휴일이라 갈 수 없었던 세 시설(하와이대학교 마노아 캠퍼스 한국학 연구소, 하와이 독립 문화센터, 하와이 일본 문화센터)를 방문하여 취재할 수 있었다. 또, 모제 리 가족, 하와이 이민사 연구자나 지식인들과도 만나 모두 4명의 하와이 이민자 지식인과 인터뷰를 했다. 하와이 이민 2세, 3세의 여러 분이 고학력자인 것은 조부모의 다양한 노력이 있었기 때문이다.

1_하와이 한인과의 인터뷰

1) 인터뷰 / 로버타 장 (연령 84세, 이민 2세 여성)

① 선조의 하와이 이민 연대는?

아버지는 1904년에 평양에서 하와이로 이민 와 사탕수수 농장에서 일했습니다. 어머니는 1916년 마산에서 16세 때, 하와이에 와 있던 친언니의 소개로 사진신부로 왔습니다. 오아후섬 북부의 '와이히아와'에 가족 모두가 이주했으며, 코리안이 많은 지역이었습니다.

② 당신과 자식들의 직업은?

저는 호놀룰루에서 태어나고, 미혼입니다. 하와이대학교 교육학부를 졸업. 형제는 10명이고, 여성 7명, 남성 3명. 저는 8번째 딸입니다. 형제 가운데 장남은 치의학박사, 나중 다른 2명의 남형제는 교육자가 되었습니다.

로버타 장 여사

직업과 경력: 종교는 가톨릭

1960~1970년, 서울의 '메어리소울 시스터'의 전도사가 되었고, 인천에서는 공립학교의 영어 교사가 되었습니다. 하와이에 돌아오고 나서 10년간 하와이의 재판소에 근무하여 어린이들의 지도교관이 되었습니다. 2년 후 워싱턴에 있는 댄 이노우에 상원 의원의 사무소에서 일했습니다. 수 년 동안 매해, 이화여자대학교나 '메어리소울 시스터'에 가 거기에 숙박했습니다. '모제스 리 sr.'와는 가장 친한 관계이었습니다만, 사망 후 그의 가족과는 접촉이 없습니다. 그러나 당신과 같은 분은 귀중한 존재이므로 모제스 가족에 관한 정보를 전달할 수 있도록 노력하겠습니다.

현재, 저는 3권째 역사서를 집필 중으로, 건강이 나빠지고 나서 침대에 누워있고, 방은 역사문헌 서적으로 어지러워 매일이 힘듭니다.

상장: 한국 이민사 박물관(인천시, 2008.6.13)으로부터 본인의 이민사 자료제공에 대하여 감사장을, 고인의 아버지에게는 건국과 애국의 운동에 대하여 한국 정부(김대중 대통령, 1999. 8.15)로부터 표창을 받았다.

③ 조국에 대한 견해와 의견은?

조국에 대한 제인상으로 많은 생각을 가지고 있었으나, 최근 병에 걸리고 나서 옛날과 같이 떠오르지 않게 되었습니다. 인상으로 말하자면 복잡다단(Complexity)하다 하겠습니다.

2) 인터뷰 / 릴리 한 카비나탄 (연령 66세, 이민 3세 여성)

① 선조의 하와이 이민 연대는?

외가 할아버지와 할머니는 1903년 개성에서 이민 왔습니다. 아버지 쪽의 혈통의 조모는 1918년 사진신부로 하와이로 이민을 왔는데, 그 언니가 먼저 사진신부로 하와이로 이민을 왔고 소개를 했습니다.

② 본인과 자식들의 직업은?

저는 하와이대학교 사회복지학부를 졸업하고 고등학교 교사와 하와이주 교육청의 행정관으로 근무하고, 퇴직 후에는 남편과 함께 외벽 건설 회사와 농장을 경영하고 있습니다. 제 종교는 감리교입니다. 장남 더글러스는 44세로, 같은 회사에서 일하고 있습니다. 자식은 2명(남자와

릴리 카비나탄
여사
(와아아레안
해안에서)

여자), 손자는 4명. 저의 숙부 조슈아 리는 걸출한 사회인으로, 와이어레어에서는 설탕공장의 사장이었습니다.

독립운동 군인으로서 알려진 '모제스 리 sr.'는 제 외삼촌입니다.

③ 조국에 대한 견해와 의견은?

제가 1세 때, 부모님이 이혼했기 때문에 조국에 대하여 아무 것도 알지 못하고 자랐습니다. 제어머니는 3명의 딸을 키우며 살아가느라 그러한 여유가 없었습니다. 저를 외할머니 Maljorie와 할아버지께서 한동안 키워주셨던 것은 다행이었습니다. 조모는 한국의 고아원 경영 때문에 할아버지와 가족을 하와이에 남겨두고 일시 귀국했습니다. 최근 '한혜정'이라고 하는 서울의 대학교수를 만났는데, 그녀는 17년 전부터 '하자센터'(Haja Center)라는 자살 방지 비영리학교를 지원하고 있습니다. 그 학교에서는 학생들에게 농업, 기술, 하와이 문화 등을 가르치고 있어, 올 4월~5월에 나와 손자와 친구 셋이서 서울에 있는 그 학교를 방문하여 하와이의 예절, 노래나 댄스 등을 보여 주었습니다. 또 우리들은 원불교사원을 방문, 100주년 기념식전에도 참가할 예정입니다. 또 친구 '아로나'는 '하자센터'에 가서 하와이인의 예절을 가르칩니다. 저는 순혈의 코리안인 것을 자랑스럽게 생각하고 있습니다. 저는 조모가 하와이의 사회나 다른 곳에서 약자를 도와주려고 항상 싸우고 있었던 모습을 아주 좋아했습니다. 저는 우리 조부모에 대하여 매우 놀라운 이야기를 할 수 있는 것에 대해 감사하고 있습니다.

3) 인터뷰 / 존 리 (연령 89세, 이민 2세 남성)

① 선조의 하와이 이민 연대는?

1905년입니다.

② 본인과 자식들의 직업은?

저는 고등학교 체육교사였습니다. 자식은 딸 하나, 손자는 9세가 되는 쌍둥이 손녀가 있습니다.

학력: 1952년 루이지애나 주립 대학교에서 석사학위를 취득했습니다.

존 리(좌측)와
메어리 리(우측
두 번째)

③ **조국에 대한 견해와 의견은?**

조국은 남쪽과 북쪽이 서로 동의하지 않는 한, 통일은 되지 않지요. 나에게는 그것이 이해가
되지 않습니다.

4) 인터뷰 / 메어리 젠 리 (연령 약 91세, 이민 2세, 스페인과의 혼혈 여성)

① **선조의 하와이 이민 연대는?**

아버지는 대구에서 이민을 왔고 아버지의 태생은 잘 모릅니다. 그 이유는 하와이에서 스페인
여성과 결혼했기 때문입니다. 그러나 아버지는 교육을 받아서 몇 개국의 말을 할 줄 알고 한국
어를 읽을 수 있었습니다.

② **본인과 자식들의 직업은?**

학력: 1946년 컬럼비아 대학교에서 사회복지학 석사학위를 취득했습니다. 그 후 오랜 세월 하
와이의 가정 법원 사회복지과에서 행정관으로 근무했습니다. 저는 싱글입니다.

가족 중에는 하와이 법원 제1법정의 디렉터를 한 사람도 있습니다.

③ 조국에 대한 견해와 의견은?

저는 한국을 4회 방문했습니다만, 어떠한 인상을 받았는지 표현하기 어렵습니다. 그 이유는 그 사회에는 강조하는 면이 많기 때문입니다. 그러나 조선 전쟁으로 엄청난 피해를 입은 국가로서는 대단히 부흥하고 있었습니다. 사람들은 전쟁으로 황폐한 서울을 잊지 않을 것입니다. 하와이의 한인들은 대단히 훌륭한 실적을 남겨 왔습니다. 수많은 리더들, 예를 들면 실업가, 교육자, 의료인이나 정치가가 있습니다.

2_ 하와이 이민사의 요약

1) 1903년에 '초기 이민'이라고 불리는 최초의 한인 이민단이 호놀룰루에 도착했다. 일본의 식민지 정책에 의해, 미국으로의 이민이 1905년 중단될 때까지 계속되어 약 7,000명이 하와이로 이주했다. 그리고 사탕수수 또는 파인애플 농장에서 일했다. 사진신부는 1910~1924년에 약 1,000명의 여성이 미국으로 출국했으며, 그중 951명이 하와이에 들어가고 나머지 105명이 상해를 경유해서 미국 본토로 건너갔다. 일본 이민단은 1868년에 최초로 하와이에 도착했지만, 1885년이 되어 본격적인 이주가 시작된다.

2) 이민자들은 '천국'이라고 선전된 신천지를 목표로, 조국을 뒤로 한 채 바다를 건넜다. 그것은 본국에서의 가난한 생활을 떠나 신천지에 거는 꿈이었다.

3) 한인과 다른 민족과의 공통점은, 보다 나은 생활을 기대하며 오래도록 살아온 정든 고향을 떠난 용기였다. 하와이에서의 어려운 생활 속에서도 그들은 아이들에게 가치관과 세계관을 철저히 가르쳤다. 그것은 자식들이 바르게 살아가는 기반이 되었던 것이다.

4) 농장에서는 인종별로 갈라진 캠프 안에서 생활하고 여성들은 농사일을 하는 한편, 집에서는 요리, 세탁, 그리고 육아도 해야 했다. 많은 한인 여성들은 하와이에서 그리스도교도가 되었다.

5) 일부 이민자들은 보다 나은 생활을 기대하며 농장을 떠나, 한인 커뮤니티 안 또는 도회지에서 상점을 시작했다. 그 큰 역할을 한 것은 사진신부들이었다.

6) 대전 후 많은 한인들은 일본계와 동일하게 활약하고 하와이에 정치적 또는 사회적 변화를 초래하는 데 큰 공헌을 했다.

7) 다양한 인종이 사는 하와이에서는, 사람들이 서로의 문화를 공유하고 서로 존중하며 생활하고 있다. 그리고 다른 문화를 누리면서 새로운 발전을 계속하고 있다.

문헌〉

1) 강건영, 「하와이 이민의 역사(1)」, 『Korea Today』, 2016년 3월호.
2) 『하와이 일본계 이민의 이야기』, 하와이 일본 문화센터.

(2017.4.12)

13. 경천사 10층 석탑과 원각사 10층 석탑

몇 차례에 걸쳐 나는 한국 국립중앙박물관을 방문하여 관내 1층 안쪽에 높이 우뚝 솟은 경천사 10층 석탑을 보았으나, 처음에는 이 석탑의 유래를 몰랐다. 그러나 하와이 이민사를 연구하는 가운데 1903년 개성에서 하와이로 이민해 온 분 중에서 이 10층 석탑이 있던 경천사 근처 마을의 출신자가 있다는 것을 알게 되어, 이 걸출한 석탑에 대하여 조사하기로 했다. 경천사 10층 석탑만큼 불교 석조물 중에서 이 정도의 장려함과 숭고함을 느끼게 하는 석탑은 없다. 또, 파고다 공원에 있는 이 석탑과 유사한 원각사 10층 석탑에 대해서도 해설하기로 한다.

1_ 경천사 10층 석탑

1) 석탑의 기원

현재, 국립 중앙 박물관에 있는 고려시대 1348년에 제작된 10단 석탑은 하와이 이민의 모제스 리(Moses Lee) 가족의 고향마을에 가까운 개성 서남쪽에 위치한 개풍군 관덕면 중연리 마을의 부소산 산기슭의 경천사지에 있던 것이다. 국보 제86호, 높이 13.5m의 대리석제의 이 석탑은 한국 불교미술의 걸작으로 평가받고 있다.

고려사에 의하면, 고려(918~1392)의 제16대 임금인 예종(재위 1105~1122)이 선왕 낙종(재위 1095~1105)을 추모하는 제사를 경천사에서 행한 이래, 고려 왕실의 추모제가 계속 행해졌다고 한다. 경천사는 고려 왕실과 밀접한 관계에 있던 왕실 사찰이었다고 기록되어 있다. 탑의 제1층의 탑신에 적힌 기록에 의하면, 1348년 3월에 강융과 고용봉이라고 하는 사람이 보시를 하여, 현재 북한에 있는 개성 교외 개풍군의

경천사 10층 석탑(한국국립중앙박물관)

부소산 기슭의 경천사에 고려 충목왕 4년, 이 10층탑을 지었다. 강융은 자신의 딸을 중국 원의 대신과 결혼시켰고, 그의 지원을 받아 높은 지위에 올라, 원으로부터 직공을 선택하여 이 석탑을 지었다. 원나라의 직공이 세운 이 석탑은, 라마탑의 특징뿐만이 아니라 고려만이 가진 색채가 더해져 있다.

더하여 탑신에는 탑을 지은 목적으로, '원의 황실과 고려 왕실의 안녕을 기원해, 바람과 비의 혜택을 받고 국태민안과 불법이 더욱 더 퍼져, 모든 중생이 깨달음을 얻기를 바란다'고 적혀 있다. 즉, 경천사 10층 석탑에 새겨진 부처님과 불교의 법령을 고려 땅에 재현함으로써 나라와 중생이 극락정토에 사는 것을 기원하는 목적으로 이 탑이 지어진 것이다.

2) 부처님의 의지를 포함시키다

경천사 10층 석탑은 각층을 분리할 수 있고, 기단과 이 1층으로부터 3층까지는 세로로도 분리할 수 있다. 분리된 안쪽에는 각각 '2층 동남'등의 글자가 적혀있지만, 탑을 지었을 때 각 재료가 어느 부분의 어느 위치에 사용될까를 미리 결정했던 것 같다. 이것을 봐도 제작 당시 매우 치밀한 설계도에 따라서 제작되었던 것으로 추측된다. 일반적인 탑의 경우, 기단과 탑신, 상린의 3개 부분으로 나눌 수 있으나 이 탑은 형태면에서 보아 4개의 부분으로 나누어져 있다. 높이가 낮은, 삼중의 기단과 같은 평면의 형태를 한 3층의 탑신 그리고 사각의 7층의 탑신과 상린이 있다.

특히 평면의 구조가 갑자기 작아지는 3층과 4층의 사이에 있는 지붕은, 다른 지붕과는 달리 이중 구조인 중층 지붕으로 되어 있다. 실제, 이 부분을 정점으로 하여 탑을 나누면 탑 높이의 거의 한가운데 지점에 해당한다. 한반도에서 탑의 재료로써 화강암이 아닌 대리석을 사용하는 일은 거의 없었다. 재질이 부드러운 대리석에 이전에는 시도되지 않았던 정교한 조각 기술이 사용되었다. 탑에 새겨진 조각은 크게 나누어 아(亞)자형을 이루는 3층과 정방형을 이루고 있는 4층까지 10층까지의 이중의 구조로 되어 있다. 1층으로부터 3층까지는 평면이 20각을 이루고, 1면으로부터 5면이 조각의 기본 단위가 된다. 중앙의 정면이 상단, 안쪽에 도는 부분이 중단, 또 정면을 향하는 안쪽이 하단이 되는 3단 구성이다. 게다가 3층까지의 공간에는 불교의 신앙적 내용을 포함한 법회의 내용이 12장면으로 조각되고 있다. 이것은 고려시대에 유행하던 불서나 경전 중에서도 중요한 내용만을 표현한 변상도와 같은 성격의 그림이다. 이 그림을 통해서 고려시대의 법회 내용을 엿볼 수 있다. 정방형을 이루고 있는 4층은, 그 4면에 또 다른 내용의 법회의 광경이 그려져 있다. 게다가 5층의 각 면에는 5면의 여래좌상이 그려져 합계 20면의 여래상이, 또 6층에는 각 면에 3면씩 합계 12면의 여래좌상을 그렸고, 전체적으로 합계 80면의 여래상이 조각되어 있다. 또 탑에 있는 모든 기둥에는 용이 생생하게 양각되어 있다.

3) 안식의 땅에 반환될 때까지의 경위

경천사 10층 석탑의 비극은 고려시대를 거쳐 조선 왕조 시대가 막을 내린 조선시대(1392~1910) 말기, 국운이 기울어 갔을 때 시작되었다. 1902년, 일본 건축 역사가 세키노 다다시(1868~1935)가 조선 총독부로부터 위탁을 받아 이 석탑을 조사하여 조선 건축 조사보고서에 게재했다. 1906년 12월 다나카 자작이 한성에 있었을 때, 일본인 골동품상이 자작에게 개성으로부터 멀지 않은 광덕지방에 몹시 유명한 낡은

탑이 있다고 알려줬다. 골동품 수집가이기도 한 다나카는 이 탑을 손에 넣고 싶다고 열망하고 있었다.

1906년 12월에 황태자(후에 순종으로 즉위, 재위 1907~1910)의 혼례식 경축 대사로서 파견된 궁내대신 다나카 미쓰아키는, 1907년 3월 초 무장한 수 명의 헌병을 포함한 80명의 일본인 일행을 동원하고 송도(개성)를 덮쳤다. 그들은 현지에 있던 석탑을 분해하고, 수십 대의 짐마차에 실어 한밤중에 개성역까지 옮겨, 거기에서 기차로 인천까지, 인천으로부터 배에 싣고 일본으로 옮겼다. 이 때, 고종 황제로부터 허가를 얻은 기념품이라고 거짓말을 해서 주민과 당시 관할군수의 반발을 무마시켰다. 그러나 그의 위법행위는 즉시 '대한매일신보'를 통해 전국에 널리 알려지게 되었다. 미국인 호마 헐버트는 뉴욕 타임지에 고발하고, 또 만국 평화회의 개최 중의 네덜란드의 헤이그에서도 폭로되었다. 그 후에 영국인 기자 아네스트 베셀이 1907년 6월 2일의 워싱턴 포스트나 런던 트리뷴지에 경천사 석탑 등의 반출을 비난하는 기사를 게재했다. 베셀은 1909년 서울에서 병사, 헐버트도 1947년 방한 시에 사망하여 두 사람 모두 유언대로 서울 양화진의 외국인 묘지에 매장되어 있다.

하세가와 요시미치 총감 때, 총감은 학무국의 고적 조사관으로부터 일부 자초지종을 들어, 곧바로 원래대로 되돌린다고 하는 의견을 요구했다. 잇따르는 보도에 의해서 조선 내 뿐만 아니라 일본에서도 다나카 궁내 대신의 행위에 대한 비난이 높아져, 결국 여론에 의해 다시 조선으로 돌아온 것은 1918년이었다. 그러나 해체된 채로 일본에 방치되어 있던 탑은 훼손이 몹시 심해 복원되지 못하고 그대로 경복궁 근정전의 회랑에 방치되어 있었고, 1960년 임천 씨에 의해 복원되어 경복궁에서 최근까지 공개되었다. 그런데 오랫동안, 산성비에 노출되었기 때문에, 약한 재질의 대리석에 치명적인 결함이 발견되어, 1995년에 다시 해체되어 보존되게 되었다. 이 10층 석탑은 657년에 달하는 슬픈 세월을 거쳐 2005년, 현재의 국립 중앙박물관에서 영원한 안식의 땅을 찾아냈던 것이다.

2_ 원각사 10층 석탑

서울특별시 종로구의 파고다 공원(탑골 공원)에 있는 조선왕조 시대의 석탑. 1962년 12월 20일, 한국의 국보 제2호로 지정되었다. 경천사 10층 석탑을 모방해 제작되었다고 한다. 내가 방문한 메리다의 멕시코 한인 이민사 박물관에 걸려 있는 대형 유화(350×250cm, 화가 호르게 김, 이민 4세) 안에도 원각사 10층 석탑이 그려져 있다. 서울의 파고다 공원은 1919년 3월 1일, 독립운동으로 민족 대표 33인에 의한 독립선언서가 발표된 장소이며, 33인의 대표 손병희의 동상이 세워져 있다.

1467년(세조 13년)에 쌓아올려진 것을, 탑 상부에 명기된 내용으로 알 수 있다. 대리석제로 높이는 12m. 3층의 기단과 10층의 탑신을 가져, 탑신에는 인물이나 풀꽃, 용이나 사자 등의 문양이 양각되고 있다. 상부 3층은 무너지고 있었기 때문에 오랫동안 내려놓고 있었으나, 1947년에 원상으로 복구되었다. 표면의 손상이 격렬해졌기 때문에 2000년에는 유리 케이스를 설치했다.

이 부근에는 일찍이 고려시대 이래의 고찰인 흥복사라고 하는 절이 있어, 이씨 조선을 세운 태조 이성계 대에는 조계종의 본산으로 되어 있었으나 이후 불교 억압 정책으로 황폐 해졌다. 제7대 국왕 세조는 1464년, 스스로가 범해온 살생을 반성하기 위해 흥복사를 원각사로 개칭하여 확대하고, 많은 당우와 문, 대장경전, 그리고 현재까지 남아

원각사 10층 석탑(파고다공원)

있는 10층 석탑을 지었다. 그러나 1504년, 불교 배척에 열심이었던 제10대 국왕 연산군은 원각사를 폐지하고 다음 해에는 절의 건물에 음악을 관할하는 장락원을 이전시켜, 기생도 두어 왕의 향락 장소로 바꾸어 버렸다. 이후, 불교사원 재흥의 기회는 조신(계급 명칭)이나 유사 등의 반대로 좌절됐다. 중종 대의 1514년 즈음에는 여전히 건물의 대부분이 남아 있었다고 여겨지지만, 1519년에는 대부분이 사라지고 없어져 10층 석탑만이 남아 있었다. 시내에서 잘 보이는 이 석탑의 주변은 후에 파고다 공원이 된다.

야나기 무네요시(1889~1961, 일본 민예관 창설자)는 '왜구와 고미술' 중에서 '조선의 민족은 위대한 예술의 민족이라고 말할 수 있다'고 지적한 대로, 이러한 10층 석탑은 걸출한 문화유산으로 야나기 무네요시의 말을 연상시킨다.

나는 2016년 5월 초순, 이러한 문화유산(Legacy)을 취재하기 위해 서울의 국립 중앙박물관과 파고다 공원을 다시 방문하였다.

문헌〉

1) 나카무라 테츠야, 『서울 일제하의 유적을 걷는다』, 타크쇼크서점 신사, 1998.
2) 니시야마 타케히코·이타미 준 감수, 『한국의 건축과 예술 – 한국 건축 조사보고』(원본 간행자, 세키노 다다시), 한국의 건축과 예술 간행회, 1988.
3) 신용철(통도사 성보 박물관 학예 연구실장), 「경천사10층 석탑」, 2007.
4) 「원각사 10층 석탑」, Wikipedia, 2016.
5) 야나기 무네요시, 『조선과 그 예술』, 조문각, 1992.

(2017.3.19)

14. 하와이 기독교회와 한인 이민사

　2016년 1월 17일 하와이에서 가장 큰, 호놀룰루에 있는 그리스도교연합 감리교회 (Christ United Methodist Church)를 방문했다. 113년의 역사를 가진 감리교회에서, 나는 친절한 엄희조 여성 전도사에게 의해서 한인 이민사 연구가 이덕희(Duk Hee Lee) 여사를 소개받았다. 또, 교회의 역사 전시실도 안내받았고 돌아올 때에는 『그리스도교 연합 감리교회 · 100년 사진 역사: 1903~2003』(총 256쪽)라는 사진집을 기증받았다.

1_ 감리교 교회의 역사

　교회의 창립은 1903년 11월 10일로, 현재의 목사는 제21대이다.

　주일 예배는 오전 1부, 오전 2부, 오전 3부와 오후 4부가 있고, 수요일은 오후 7시에 예배를 드리고 있다. 신자 수는 1,000여 명으로, 해외 선교 활동으로 캄보디아에 단기 선교를 실시하고 있고, 올해는 1월 21일~1월 30일에 실시하였다.

　1903.11.10. '한인 선교회'라는 이름으로 Hotel Street와 River Street에 접근한 건물의 방을 빌려, 예배를 드린 것이 최초이다. 1903년 1월 13일, 102명의 한인 이민자가 호놀룰루에 도착하여, 사탕수수 농장으로 이동했다. 또 1903년 3월 3일, 2차 이민선이 63명을 싣고 하와이에 도착했다.

　1094. 2.18. 경기도 남양주에서 홍순하 전도사가 하와이에 도착하여, 제1대 목사로 취임.

초기 교회의 교사와 신자들(1909년)

1904.11.29. 후에 대통령이 되는 이승만이, 미국에 가는 도중 한인 교회를 방문하여 설교를
　　　　　　 하고 대환영을 받았다.

1905. 8. 　　민창호가 제2대 목사로서 취임.

1913. 2. 　　이승만이 하와이에 도착하여, 감리교 선교부에서 한인기숙학교 교장으로 임명된
　　　　　　 다. 학교명을 한인 중앙 학원으로 개칭하여, 청소년 교육에 열중한다.

1983. 3. 5. 　교회 창립 80주년 기념행사.

1989.12. 　　교회 새 성전 '100주년 기념 예배당'의 건축을 교회의 총회에서 의결한다.

1998. 7.26. 　새 성전이 완성됨.

1998. 9. 6. 　입당 예배를 드림.

2001. 7. 　　리은철, 제20대 목사로 취임.

현재 　　　　김낙인, 제21대 목사.

감리교 교회 예배당(2016년)

2_ 중앙 침례교회와 호놀룰루 한인 장로교회

나는 이 두 개의 교회를 방문했는데, 침례교회는 100년 전 한국에서 온 사진신부들이 모였던 교회다. 3, 4세의 시대가 되어, 후손들은 10년 정도 전부터 거의 예배에 오지 않아서 현재는 미국인 교회로서 그 명칭도 바뀌게 되었다. 한인 장로교회는 담임 목사가 조이르그 씨로 신자 수는 50명 정도이다. 그러나 이 교회에도 하와이 초기 이민자의 후손들은 예배를 드리러 오지 않고, 영어만 이해할 수 있기 때문에 미국인 교회에 다니고 있다고 한다.

3_ 하와이 이민사

감리교 교회에서 만난 이덕희 여사(한인 이민사 연구소 소장)의 이민자 여권 조사에 의한 하와이 이민사 연구의 1부를 여기에 소개하기로 한다.

대한제국이 1910년 8월 29일에 일본에 합병되면서 대한제국 국민은 일본의 속국민이 되었다. 1905년에 대한제국이 이민을 중단하여 더 이상 이민을 갈 수 없었던 한인은 이후, 일본 여권을 가지고 하와이를 포함한 미국 본토로 올 수 있었다. 운명의 장난이라고 말할 수 있을지, 초기 이민자들은 두고 온 신부와 새로운 신부를 데려 오기 시작했다. 1910년 12월 2일에 첫 한인 사진신부, 최사라(당시 23세)가 호놀룰루에 도착했다. 신랑은 사업가로 국민회 회장 리례수 씨(당시 35세)였다. 민창호 목사가 이민국에서 결혼식을 주관했다.

그 이후로, 1924년 미국의 새로운 이민법에 의해 모든 아시아인의 입국이 중단되기 전까지, 한국으로부터 약 680명의 사진신부가 하와이에 도착했다.

이 기간에 올 수 있던 가족과 새롭게 결혼하는 사진신부를 위해, 하와이에 있던 남편들은 호놀룰루의 일본 영사관에 신청하여 발급을 받은 일본 여권과 뱃삯을 한국으로 보냈다. 때로는 서울의 조선 총독부에서 여권을 받아 온 사람도 있었다. 이

이덕희 여사와
필자

민 최초의 이민선으로 온 이경도는 1915년에 부인 노정옥을 데려오려고 호놀룰루 일본 영사관에 여권을 신청하여 9월에 일본 여권을 발급받았다. 노정옥은 이경도가 두고 온 부인이었는지, 아니면 새로운 부인이었는지는 알 수 없다.

하와이에 먼저 와 있던 유경선과 합류하기 위해, 서울에서 여권을 발급 받아 온 전수산의 '대일본제국의 해외 여권'은 내무대신의 이름으로 1916년 2월 3일에 발급되어 일본어, 영어, 그리고 불어가 적혀 있다.

전수산의 주소는 경성부 초음정 23번지이며 유경선의 아내로 밝혀져 있고, 3세가 된 딸 옥희의 이름이 함께 적힌 가족 여권이었다.

특이하게도, 이 여권에는 '일본 배 신니치호로 1916년 6월 19일 호놀룰루에 도착했다'고 연필로 기입되어 있고, 하와이 영토 호놀룰루에 입항 허가가 내려진 날은 1916년 6월 21일이라고 이민국 직원의 사인이 있다.

전수산의 여권에 있는 이민국 직원의 사인은, 당시 미국에는 지금과 같은 비자 제도가 없었음을 보여주고 있다. 물론 한인 이민자들이 호놀룰루항에 들어 왔을 때 비자 제도는 없었다.

선상에서 작성된 이른바 외국인 이민자 명부가 있는데, 이민자의 이름, 성별, 연령, 결혼 상태, 마지막 주소, 도착 일자, 도착 선박명, 도착지 등을 손으로 자세하게 쓴 서류이다. 또 이민자의 직업, 문장을 읽고 쓸 수 있는지, 반입한 돈은 얼마인지, 이전에 미국에 입국한 일이 있었는지 등을 기입했다. 필자는 이 명부를 토대로 7,415명의 이른바 이민자 명부를 작성할 수 있었고, 하와이로 이민을 온 모든 민족 중에서 한인만이 총 이민자 명부를 가지게 되었다.

여권 이야기-4

미일 신사협정에 의해 일본인의 미국 이민은 중단되었으나, 일본의 사진신부들은 더 많이 미국으로 들어오게 되었다. 하와이에 온 사진신부만도 약 14,300명에 달하지만, 이 결과는 아무도 예상할 수 없었던 것이다. 당황한 미국의 반일주의자들은 보다 더 강화된 이민법 제정을 주장하였고, 결국 1924년에 새로운 이민법이 통과되었다. 이 이민법으로 아시아 민족의 미국 이민이 완전하게 차단되었다.

동시에 이 이민법에 따라 미국의 비자 제도가 시작된다. 1924년 7월 1일부터 미국의 항구에 도착하는 외국인은 어떤 형태의 입국 허가여도 입국할 수 있었다. 한국에서는 언제부터 외국인에게 비자 형태의 증서가 발급된 것일까?

제도적으로 세분화된 지금의 비자는 아니라고 해도, 외국인이 국내를 여행할 수 있는 허가서 내지 증서를 비자라고 하면, 1426년(세종 8년)에 삼포(진해, 부산, 울산)에 각 60명씩의 왜인이 거주할 수 있는 허가를 주어 거주 허가 증서인 도서를 발급했다는 것이 제일 오래된 기록이다.

당시, 대마도 섬은 조선 왕국의 관할을 받고 있었다. 물론 이 도서의 실물은 전해지지 않았다. 그 후 450여 년이 지난 1882년에 미국과 맺은 조미 통상 수호조약, 그리고 또 다른 유럽의 여러 나라들과 맺은 조약 이후에 미국을 포함한 많은 나라의 선교사가 조선에 도착했다. 이들 선교사는 호조라고 하는 여행증명서, 말하자면 지금의 비자와 같은 성격의 증서를 발급받고 나서 조선의 많은 곳을 선교 여행할 수 있었다.

미국 장로교 선교사 모펫(Samuel Moffet)은 1890년 1월에 내한했으나 1893년 5월 11일(양력)에 지금의 외교부에서 발급을 받은 증거가 남아 있다. 또 프랑스의 카톨릭 신부 게르맹이(Mousses Germain)이 1894년에 발급을 받은 증거도 남아 있다.

하와이에 이민해 온 한인은 1948년 8월 15일 대한민국 정부가 수립된 후에, 그들의 법적 국적과 여권에 의해 혼란스런 기간을 극복하지 않으면 안 되었다. 에스더 박은 3세 때, 부모를 따라 평양에서 왔다. 1926년에 하와이 대학교를 졸업하고 호놀룰루의 기독교 여자 청년회(YWCA)에서 17년간 일했다. 1947년 5월에 미국 YWCA 본부가 에스더 박을 한국 YWCA의 미국 고문으로 발령했을 때 그는 미국 여권도, 한국 여권도, 일본의 여권도 가지고 있지 않은 무국적자였다. 따라서 그는 미국에 재입국할 수 있는 특별 증서가 발급되고 나서야 미국을 나올 수 있었다. 일종의 입국 비자인데, 여권이 없었기 때문에 독자적인 증서를 받지 않으면 안 되었다.

아시아 민족이 미국 시민권을 받을 수 있게 된 것은 1952년 이민법 제정으로 가능하게 되었다.

2010년에 사망한 이동진 전 목사는 1938년 7월 9일에 일본의 여권을 가지고 학업을 계속하기 위해 미국에 도착했으나, 그의 여권에는 1년짜리 학생 비자의 인감만이 있었다. 1년 후에 2년간 유효한 학생 비자를 다시 받았으나 1943년에, 그리고 1947년 3월까지 그의 비자가 연장된 것을 여권을 통해 알 수 있다.

이동진은 1942년 12월, 인디애나주 출생의 한국계 미국인 프랜시스 오와 결혼했는데, 미국 시민과 결혼한다고 해서 자동적으로 미국 시민권을 신청할 수는 없었다. 그래서 이동진은 계속 학생 비자를 연장해서 학업을 끝낼 수 있었다. 이동진은 1953년 6월 25일에 미국 시민권을 획득했는데, 에스더 박도 1955년 4월 22일에 미국 시민이 되어, 미국 여권을 가지고 한국에 갈 수 있었다.

1951년에 하와이에는 1,502명의 한국 출생의 한인 이민 1세가 생존해 있었다. 이들 대부분이 1952년 이후에 미국 시민이 되었으나, 그 중에는 미국 시민권을 얻지 않은 사람도 있었다.

김창수는 18세였던 1904년에 하와이에 도착했다. 미국 시민이 아니었기 때문에 그가 1965년 이승만 전 대통령의 장례식에 참가하기 위해 한국을 방문했을 때, 대한민국 호놀룰루 영사관에서 여행증명서의 발급을 받지 않으면 안 되었다. 한 장의 A4용지를 두 번 꺾어 4면으로 만든 것이다.

여권이 여행에 필요한 증서라고 단순하게 생각할 수도 있지만, 남아 있는 여권을 통해 발급하는 국가의 제도를 알 수 있고, 또 거류하는 국가에서 소지자의 신분 형태를 알 수 있는 자료가 되고 있다.

이와 같은 한인 이민사를 여권을 통해 알 수 있는 것이다.

문헌〉

1) 「이덕희 이민사 연구자의 이민 109주년 기념 특별 연재」(한글), 『한국일보』, 2012년 1월 2일.

(2017.3.28)

15. 하와이 대학교의 한국학 연구소

2016년 1월 18일, 나는 하와이 대학교 마노아 캠퍼스에 있는 한국학 연구소(Center for Korean Studies)를 방문했다. 이 센터는 미국에서 가장 큰 규모의 한국학에 관한 연구소로 알려진다. 현재의 소장(Director)은 1년 반 전에 부임해 온 이상협 교수이다. 하와이 대학교 구내에 지어진 이 연구소는 서울의 경복궁을 모델로 한 것으로, 입구의 외관은 고귀한 인상을 사람들에게 보여주고 있다.

1_ 센터의 임무와 목표

■ 임무 성명

1972년에 설립된 한국학 연구를 위한 센터는, 하와이 대학교에서의 한국 연구를 위해서, 자원을 조정하여 계발을 실시하고 있다. 센터는 인류학, 건축, 예술, 아시아 연구, 커뮤니케이션, 창조적 문서, 경제학, 민족음악, 교육, 지리학, 역사, 어학, 언어학, 문학, 관리, 정치학, 사회학과 도시와 지역의 계획과 같이 다양한 훈련을 실시하여, 교직원에게 한국 연구의 학제적이고 이문화 간의 접근을 촉진시키려고 한다.

한국 국외의 한국학자나 자원을 가장 대규모로 집중하고, 센터는 미합중국의 한국 연구를 위한 제일의 시설이 되도록 노력하고 있다. 센터는 학술회의를 열어, 스폰서 연구 프로젝트, 프로젝트 토론회, 세미나와 강의-한국에 관한 중요한 연구를 발표한다. 그리고 대학교의 도서관 시스템이나 다른 대학 연구 시설과의 협력강화에 관여한다.

1993년에, 센터는 한국 재단(대한민국의 외무부의 국제적인 프로그램 부문)으로

센터 입구
(하와이대학교
내)

부터, 200만 달러의 기부금을 수령했다. 또 100만 달러는 하와이주 내의 한국 연구의 지원자들에게서 기부를 받았는데, 그 외에도 한국 정부는 기부금을 300만 달러로 늘렸다. 기부금은 장기 목표에 대처하기 위해, 센터의 능력을 유지 강화하는 데 이용되고 있다.

■ 센터의 최종 목표(Goal):

• 한국학 연구에 대한 흥미를 가진 대학 교직원의 질과 능력을 높이는 것;
• 한국에 관련된 포괄적이고 균형 잡힌 아카데믹한 프로그램을 개발하는 것;
• 한국 연구와 출판물을 장려하는 것;
• 하와이 커뮤니티와 다른 기관이나 조직과 한국 연구에 종사하고 있는 개별 학자의 자원을 조정하는 것;
• 학생이 하와이 대학교에 있는 동안, 그들의 교육적 요구를 충족시키도록 원조하

는 것;

- 북한 연구의 상황을 평가하기 위해 전념하는 회의와 발표회를 통하여 학자를 지원하는 것;
- 일반 한국인이나 선진 학생을 위해서 한국어 교재를 개선하는 것;
- 새로운 연구를 후원하여, 센터 출판물을 센터의 프로그램에 의해, 전문가와 일반 시민들보다 많은 사람이 이용할 수 있도록 하는 것;
- 한국의 역사에서 임계 시기의 관계에 새로운 관점을 제시하고, 현대 한국 사회의 통합 이해를 제공하기 위해 회의와 출판물을 장려하는 것;
- 센터 대학교와 한국의 기관이나 기업 사이의 제휴를 수립하는 것;
- 계속적인 커뮤니티의 원조 활동 프로젝트를 만드는 것;
- 강의, 영화, 토론회와 문화 이벤트를 통해 한국 연구의 독자를 확대하는 것;
- 하와이 대학교와 한국의 교환 프로그램에 의해서 교육의 기회를 얻는 데에 흥미가 있는 대학생이나 대학원생을 지원하는 것.

2_ 코리아 코너 개설 기념행사

2014년 9월 4일, 하와이 대학교 한국학 연구소에서는 코리아 코너 설치를 기념하는 행사가 개최되었다.

하와이 대학교 한국학 연구소는 1970년대 한국의 국민소득이 500달러의 수준이었던 시대에, 정부 차원에서 60만 달러를 투자하여 경복궁을 기본 모델로 건축되었다. 이 한국학 연구소는 한인의 111년 미국 이민사에 관한 자료는 물론, 최근의 한국 문학, 가요, 영화 및 드라마에 대한 자료를 보유하고 있다.

하와이 대학교 한국학 연구소는 올해 외교부의 공공 외교 강화 사업의 일환으로 5만 달러의 지원을 받아 경복궁을 모델로 한 건물 전통 양식의 외형을 재건축하고, 그 사이 보유하고 있던 한국 관련의 역사 자료를 정리하여 최신 한국 문화 관련 자

료를 보충하게 되었다.

　동시에 하와이 대학교 한국학 연구소는 올해 세종학당으로 선정되어 11월 5일부터 7일까지 세계 한국학 대회가 개최될 예정이다.

　이러한 이유로 하와이 대학 한국학 연구소는 미국에서 제일 큰 규모의 한국학 연구소임과 동시에, 한국인의 이민사 관련 자료뿐만이 아니라 최신의 한국 문화 자료를 보유한, 한국의 대미 공공 외교의 거점으로서 위치를 차지하고 있다.

　또한 이번의 코리아 코너 설치를 통해 미국 내 및 동포에 대한, 그리고 자기 뿌리에 대한 의식을 향상시켜 민족의 자부심을 향상시키는 결과가 기대되고 있다.

3_ 출판 도서와 상영

1) Korean Studies : Editor는 Min-Sun Kim, 출판사는 Rebecca Clifford, University of Hawaii

Press.(본 연구소 도서)

2) 한국 서적을 영어로 번역해 출판. 1994년부터 2014년까지 『민영환·Min-Young Hwan』, 『개정·Sittings』, 『천도교 동학』 등 합계 23권을 영역 출판하고 있다.

3) 한국 영화를 상영하고 있다.

(2017.1.28)

16. 중남미, 하와이의 고난 이민

자국의 식민지화와 내전에 의해 험난한 고난을 만나면서, 아득히 먼 대륙으로 이주해 간 사람들의 기록을 여기에 소개하기로 한다.

1_ 한인의 해외 이주

한인의 해외 이주는 150주년을 맞이했고, 한인은 세계 175개국 721만 명으로 가장 넓은 지역에 퍼져 사는 민족이다. 하와이 이민보다 39년 전인 1863년 가을에 함경도 무산 일대의 농민과 경원 지역의 농민 13세대가 두만강을 건너, 러시아 영토의 연해주에 정착했다. 계절 영농이 아니고, 영구적으로 이주한 것은 이때가 처음이다.

한민족의 해외 진출 비율은 10%에 달하여, 이것은 세계 평균(3%)에 비해 훨씬 높다. 또 본국의 인구로 보면, 한민족은 이스라엘 · 아일랜드 · 이탈리아에 이어 세계 4번째이다.'라고 한민족 공동체 문화원의 이소현 원장은 발표했다.

2_ 중립국 포로의 이민

한국전쟁이 종결된 1953년 6월, 포로 교환이 행해졌을 때 북한 인민군 76명과 중공군 12명이 중립국 송환을 희망했다. 그들은 다음 해 2월, 인도군과 함께 배로 홍콩, 싱가포르를 거쳐 인도에 도착해 이주할 나라를 기다렸다. 그들 상당수는 미국과 스위스를 희망했으나, 미국은 교전국이라고 하는 이유로 제외되고 스위스도 이주를 거부했다. 브라질 · 아르헨티나 · 멕시코가 겨우 이주허가를 표명해, 1956년 2월 55명

(인민군 50, 중공군 5)이 브라질로 출발했고, 같은 해 10월에 9명(인민군 7, 중공군 2), 다음 해 5월에 5명이 아르헨티나로 향했다(멕시코를 희망하는 사람도 있었으나 멕시코 측의 수속이 늦어졌기 때문에 보류되었다). 그들은 농장·자동차·미싱·인쇄소·선반공장·백화점·세탁소·사진관·운수 회사·식당·약국 등에 취직했고, 후일 한국으로부터의 대량 이민을 맞이하는 시대가 되서는 이민 생활의 조언자로서 공헌하였으며 한인회의 임원으로 활약하는 사람도 있었다.

브라질 한인회는 중요 사업으로서 우선 법적지위 대책위원회를 구성하여, 영주권 신청자의 구제 활동과 영주권 소유자의 브라질 국적 취득 캠페인을 전개하고, 두 번째는 청소년 선도 위원회를 구성해서, 자녀의 생활 지도와 한국어 교육을 적극적으로 추진했다. 세 번째는 동포 상가와 주택의 경비 강화, 네 번째는 브라질인 빈민 구제 사업, 다섯 번째는 의류업 분야 세미나 등의 개최이다.

1966년에 아르헨티나 한인회가 설립되었다. 당시의 아르헨티나 한인 사회는 중립 국 포로 이민, 제1차 영농 이민, 파라과이·볼리비아에서의 재이주자로 삼분되어 있고, 공용어인 스페인어를 유창하게 구사할 수 있는 중립국 포로 이민자인 김 씨가 회장으로 선출되었다.

그 후 유명무실해졌으나, 1972년에 재건되어 74년에는 한인회관도 준공하고 활동 이 본격화되었다. 그러나 이후의 아르헨티나 한인회의 활동은 브라질 한인회와 대동소이했다.

3_ 일본 국적의 조선인 이민

1920년대, 일본인이 대거 브라질로 이민을 갔는데 그 중에는 일본 국적 조선인도 섞여 있었다. 이민 후 조선인이라는 것을 알게 되었는데, 그들은 한 가족과 4명의 독신 남성이었다.

상파울로 한인회는 1962년에 브라질 교민회로서 일본 국적 조선인 이민자 김 씨를 초대회장으로 발족했다. 4명의 독신 남성도 그 후, 한인 이민자 초청에 깊이 관여하였다. 아르헨티나에서는 일본 국적 조선인이 3명 확인되었다. 처음으로는, 1940년 이전에 들어간 여성으로 그 행적은 확실하지 않다. 그 다음이 1941년에 일본 어선의 주방원으로서 아르헨티나에 하선한 이(일본명 코바야시) 씨이다. 후일 아르헨티나 교민회의 고문으로 추대되어 1980년에 사망했다. 세 번째는 강씨 성의 여성으로, 일제시대인 1938년에 중국 상하이에 거주하다 이탈리아인과 결혼하여 이탈리아로 건너갔으나, 가족이 아르헨티나로 이민을 갔기 때문에 그녀도 1950년에 아르헨티나로 이민을 갔다.

4_ 사진신부의 하와이로의 이민

1910~1924년, 본국의 가족을 뒤로 하고, 얼굴도 본 적이 없는 예비 신랑을 찾아, 신천지 하와이로 태평양을 건너 간 여성들의 수는 951명에 이르렀다.

1905년까지 일본 정부는 한반도로부터의 미국·중남미에의 이주를 금지했다. 1907년, 미일 신사협정이 체결되어 일본이나 조선인 노동자의 새로운 출입국은 금지되었으나, 남편이 미국에 거주하고 있는 경우 아내의 입국을 허락하는 조항이 포함되어 있었다. 이 법률이 '사진신부' 시스템을 개시시키는 계기가 되었다. 한반도로부터의 사진신부가 남성의 호적에 입적되면 합법적인 아내로서 하와이로의 입국이 인정되었다. 그녀들이, 하와이에서 신랑을 만나면 선상에서 결혼식이 자주 행해졌다고 말해진다.

사진신부들의 상당수는 젊은 나이에 과부가 되었다. 그녀들은 남성이 10년 전에 찍은 사진 또는 거짓의 연령에 속아 꽤 고령의 신랑과 결혼했던 것이다. 그러나 그 남편은 가혹한 노동에 견디지 못하고 일찍 세상을 떠나 간 경우가 많았다.

하와이의 힐로(Hilo) 섬에는, 2003년에 한인 이민 조상비가 세워졌다. 그녀들의 상당수는 하와이 호놀룰루의 한인 침례교교회(서양인에 의해 1906년 창립)에서 신세를 졌다. 당시 한인 이민의 상당수는, 기독교로 전향해, 교회를 커뮤니티 센터로서 중요하게 의지하고 있었다. 기독교회는 어디서에서도, 교육·문화·후생·사교 등의 설비를 갖춘 공회당으로써의 역할을 이루었다.

문헌〉

1) 『세계의 한민족 총서』, 통일원, 2005.

(2017.3.16)

제2장

멕시코 이민사

1. 멕시코 이민 110주년에 즈음하여

-이민사와 당시의 정세-

2015년 4월 내가 미국을 방문했을 때 앨라배마주의 Don Lee 목사의 소개로 알게 된 콜로라도주에 거주하는 김명준 씨를 통해, 멕시코 이민사를 처음으로 알게 되었다. 멕시코 이민사에 관한 2편의 논문과 멕시코에 대한 영상을 제공받은 나는, 이러한 귀중한 역사 자료를 해독하고 깊은 감명을 받았기에 본지에 그 일부를 보고하기로 한다.

1_ 한반도로부터의 이민

1,800년대 말에 흉작이나 일본의 압력으로 중국이나 러시아의 극동지역으로 이주하는 사람이 증가했다. 121명이 탄 첫 공식 이민선이 1902년에 하와이를 목표로 출발, 사람들은 사탕수수밭에서 일했다. 그 후 1905년, 멕시코로의 이민선이 계속 출발해 유카탄 반도에서 밭의 개간 등에 종사했다. 일본 식민지 시대에는 일본이나 중앙아시아 등으로도 노동자가 건너갔다. 한국 전쟁 후에는 미국이나 남미, 독일 등의 유럽이 이민지가 되어, 다양한 일에 종사하였다. 2000년대 초 해외에서 사는 한국계는 약 700만 명에 이른다고 여겨지고 있다.

멕시코 이민
(초기)

2_ 멕시코로의 이민과 당시의 정세

멕시코 이민사의 내용은 조선의 국가기관의 것이 아니고, 일본 외무성 외교 자료 관에 보관된 자료이며, 메리타시의 멕시코 정부 자료보관소에 있던 50여 점의 기초 자료에 의한 것이다. 멕시코 이민자의 출국은, 일본 외무성과 조선에 파견된 일본 영사들이 직·간접적으로 관여하고 있었다. 멕시코 정부가 1905년 12월 13일과 1908 년 8월 19일의 두 차례에 걸쳐, 주멕시코 일본공사관의 요청에 따라, 각 농장에 수용 된 한인수, 농장수 및 각 농장의 현황을 비교적으로 자세한 숫자로 멕시코 정부에 보고하도록 시켰든지, 혹은 일본 공사관원들이 직접 취재한 것이다.

이와 같이 초기 이민 자료를 조선 정부가 아닌 일본 정부의 자료에 의존 할 수밖 에 없었던 원인에는, 1905년 을미조약 이후, 외교권을 완전히 일본에 **빼앗겼기** 때문 이다. 게다가 1905년 12월에 총독부가 설치되고 3개월 후(1906.2.15), 해외 조선인을 일본 영사관의 관할권 하에 건네주도록 통고된 것으로, 멕시코 이민자는 조선 정부로부터 천애고아와 같이 완전하게 사라진 문제가 되어, 한민족의 해외 이민사 가운데 비참하게도 기류민의 역사가 되었다.

2015년은 멕시코 한인 이민 110주년을 맞이하는 해이다. 1905년 4월, 이민자들은 인천항을 출항하여 40일간의 항해 끝에, 5월 12일 멕시코 태평양 연안에 있는 살리나 쿠르스항에 도착했다. 총 인원 1,031명 가운데, 성인 836명(남녀), 어린이 195명으로 구성되어, 이 가운데에는 200여 명의 대한제국 퇴역군인이 포함되어 있었다.

한인 이민자들은 5월 20일경, 최종 목적지인 유카탄 반도의 수도 메리다에 도착한 후, 25개소의 애니깽 농장에 배치되었다.

한인들은 평균 30~40명 단위로 분산 수용되어, 야스치에 농장 70명, 치엔치에 농장에는 133명이 배치되었다.

일반적으로 말해지는 애니깽이란 선박 등에 사용되는 밧줄원료를 만드는 선인장의 일종이다. 지상 낙원으로 알려진 환상은 즉시 붕괴되었다. 한인들은 이른 아침 4시부터 어두워지는 밤까지 애니깽의 잎을 절단하여 섬유를 추출했다. 햇빛에 얼굴은 새카맣게 타고 선인장 가시에 손을 찔려 피를 흘리는 날들이었다. 참고 일했지만 임금은 받지 못하고, 게다가 집세나 식량은 직접 돈을 지불해 구입하지 않으면 안 되었다. 많은 노동자들에게는 일을 하면 할수록 빚이 늘어갔다.

노예와 같은 생활은 4년 후에 끝났다. 1909년 5월 당시, 대한제국은 일본의 지배하에 있었다. 경술국치를 앞둔 고국은 녹초가 된 그들이 돌아가기에는 부적당한 상황이었다. 한인들은 다른 지역으로 흩어져 갔으나 정착하지 못하고, 다시 메리다 주변의 농장으로 돌아왔다.

유카탄 반도의 한인들은 1909년 5월, 미국 샌프란시스코에 있는 '대한민국 국민회의'의 메리다 지방회를 설립했다. 그리고 메리다 지방회는 독립운동 자금의 모금이나 송금을 실시하고, 학교를 설립하는 등 한인 사회의 중심적 역할을 담당했다. 멕시코를 순방한 독립 운동가 안창호는 1918년 2월 1일, 메리타 지방에서 개최된 '국민회 제10주년 기념식'에 참석하여 연설했다.

메리다 지방회는 1930년경부터 회관을 신축하기 위해 모금 운동을 전개하여, 자금을 모아 1935년 1월, 회관 낙성식을 실시했다. 1950년대에 들어 스페인어를 사용하는 2세 중심의 새로운 청년회가 설립되어, 메리다 지방회는 서서히 쇠퇴했고 1960년에는 폐쇄되었다.

3_ 멕시코 전역과 쿠바에까지 진출한 한인 사회

1920년대, 인공 섬유가 등장하자 애니깽 농장은 폐쇄되어 한인들은 생존을 위해 멕시코 전 국토로 흩어져 갔다. 그들은 각지에 정착하여, 오늘날 4만 명을 넘는 한인 사회의 씨를 뿌렸다. 특히 한인 274명은 1921년, 쿠바 사탕수수 농장으로 건너갔다. 그들은 현재 아바나 주변에 사는 한인 후손 1,100여 명의 조상이다.

이민 당시, 대규모 농장이 있던 메리타시에는 후손 5천 명이 거주하고 있다. 1세는 물론 2세까지도 사망했고, 3~6세들은 대부분 현지화 되어, 조상이 전한 이민 역사에 대해서도 기억이 희박해지고 있다.

그러나 모국의 위상과 함께 멕시코에서의 한인 이미지가 고양됨에 따라, 모국에 대한 그들의 이미지도 변화되고 있다. 의사, 변호사, 교수, 기자, 회계사, 사업가 등 전문 분야에 진출하여, 멕시코의 발전에 공헌하고 있는 한인 후손들은 뿌리를 내리는 데에 주저하지 않고 이민자 조상의 모습을 자랑으로 여기고 있다. 이 중심에 한인 후손회가 있다.

멕시코 한인 후손회에 의하면 현재 한인 후손은 4만 명에 이른다. 그들은 추석 또는 설 명절에 멕시코 한인회 및 주멕시코 한국 대사관의 후원으로 전통의례제를 재현하고, 윷놀이, 사물놀이(북놀이) 등을 모두 같이하고 있다. 또, 멕시코 한인회 사무실에서는 한글, 김치 담그기 등을 가르치고 있다. 그 외에도 K-POP이나 한국 TV 드라마를 보면서 모국을 동경하고 있다고 한다.

현지화 된 한인 후손들이, 모두 재외 동포 통계 안에 들어오지는 않았다. 2013년의 외교부 조사에 의하면, 멕시코 거주 재외 동포의 인구는 1만 1천364명으로, 이 속에 903명의 시민권 소유자가 있고, 나머지 1만 461명은 유학생·주재원등 재외 국민이다.

4_ 조국과의 교류와 지원

1) 2005년, 멕시코 이민 100주년을 맞이하여 한국 해군 순양함대가 멕시코의 살리나 쿠르스항에 도착, 멕시코 이민자들과 함께 기념행사를 실시했다.
2) 멕시코시에서는 후손과 한글학교의 학생들이 함께 애국가를 불렀다.
3) 멕시코시에 한글학교가 2010년 9월 11일에 개설되었다.
4) 2005년, 유카탄주의 수도 메리다에 '멕시코 한인 이민 100주년 기념탑'이 건설되었다.

5_ 이민사 박물관

한국 이민사 박물관은, 2003년에 미주 이민 100주년을 맞이하여 한국 선조들의 해외에서의, 또는 개척자로서의 생애를 기려, 그 발자국을 자손들에게 전하기 위해 인천광역시 시민과 해외동포가 모두 뜻을 모아 건설한 한국 최초의 이민사 박물관이다. 장소는 한국에서 최초로 공식 이민선이 출항한 인천시의 인천항 근처의 월미공원 내에 있다. 하와이나 미국 대륙으로의 이민을 중심으로, 생활이나 노동하는 모습을 축소 모형물로, 그리고 그곳에서 사용했던 도구의 실물이나 복제품을 전시하고 있다.

1층의 제3전시실은 쿠바나 파라과이 등 중남미 이민 생활에 관한 생활 용품이나 농기구 등의 전시실로, 하와이 이상으로 가혹했다고 말해지는 노동환경 등을 소개하고 있다. 이민자 가족의 모습이나 허름한 집, 위문을 위해 방문했다고 여겨지는 조선 왕족의 사진도 장식되어 있다. 멕시코에서 개척자에게 4년간의 채무를 부과하고 농노와 같이 취급하는 아시엔다라고 불리는 제도가 있었던 사실이라든지, 대형 식물의 수확에 고생했던 것들이 설명되어 있다.

문헌〉

1) 『재외 동포의 창』, 재외 동포 재단, 2015년 2월호.
2) 〈애내깽 한인 후손〉(영상), 애내깽 한인 후손 후원 재단 제작.

(2017.3.26)

2. 한인 이민사 박물관과 게니 관장

　나는 멕시코시 방문을 계속하여, 2015년 10월 10일~14일에 멕시코 유카탄주 메리다시를 방문했다. 110년 전, 인천의 제물포항으로부터 한인 1,033명이 중남미의 멕시코로 향했다. 이민 화물선은 일본을 경유하여 태평양을 건너 40일 후에 멕시코의 사리나 크루트항에 도착했다. 그 뒤, 육로를 기차로 횡단하여 대서양에 위치한, 메리다 근교의 프로그레소항에 겨우 도착했다. 거기에서 메리다로 이동하여 다수의 애니깽 농장에 배치되었고 가혹한 노동을 강제당했다. 이 한인 이민의 발자취를 더듬는 것이 내 메리다 방문의 주된 목적이었다.

1_ 멕시코 메리다

　메리다는 멕시코 남서부의 최대 도시이며, 주도이다. 유카탄주의 상업·통신 문화의 중심지이다. 주요 시설로는 프로그레소항, 메리다 공항, 16개 대학 등의 교육 시설이 있다. 주변 지역은 애니깽(사이잘삼)의 단일 재배지로 알려져 있다. 16세기 중순, 고대 마야 도시의 유적지에 스페인 정복자에 의해 건설된 대성당이나 식민지 초기의 건물이 그대로 남아 있어, 흰 벽으로 둘러싸인 가로가 매우 아름답고 '백아의 도시'라고도 불린다.

2_ 인천과 자매 협정의 역사

　① 1905. 4. 4 : 멕시코를 향해 1,033명에 이르는 조선인 이민자가 인천 제물포항을

출발, 멕시코 유카탄주 메리다시에 도착한 것이 역사의 시작

② 2004. 3.25 : 행정부시장, 주멕시코 한국대사가 자매 협정에 관한 화합을 시작

③ 2005.10. 4 : 메리다 거주 한인 대표가 인천을 방문(메리다 시장으로부터 자매 협정에 관한 관심 표명서를 받아들인다)

④ 2006. 3.30 : 메리다시 공보관이 인천을 방문, 자매 협정에 관한 의견을 교환

⑤ 2006. 7.10 : 이민사 박물관 자료 수집(사진, 도서, 밥공기, 저울, 미싱 등 550점)

⑥ 2006.11.4~6 : 인천 시의회 대표단이 메리다시를 방문

⑦ 2007.10.15 : 메리다 시장이 인천을 방문하여, 인천 메리다 자매 협정을 체결한다.

3_ 메리다 한인 이민사 박물관

1932년에 지어진 낡은 한인 회관의 철거지에, 2005년 2월 26일, 현재의 이민사 박물관이 신축 개관되었다. 이민자의 사진, 도서, 다리미 등 이민사에 관련된 550여 점의 중요한 작품을 진열하고 있다. 그리고 메리다 한인회 회원을 비롯한 그 후손들 및 일반 멕시코인들에게 조국과 이민사에 관한 해설을 실시하는 중요한 역할을 하고 있다. 박물관 중앙 안쪽의 벽에는 대형 이민사 유화가 걸려 있다. 그 해설은 아래와 같다.

- **대형 유화**

사이즈 350×240cm. 화가는 호르헤 김(Jorge Godoy Kim) 4세로, 현재 멕시코 다른 주에 산다.

1) 유화의 우측 - 조선 말기의 풍경이 그려져 있는데, 인천 제물포의 항구와 선박, 가옥과 10층 석탑이 서있고, 백자항아리와 무궁화 꽃도 보인다. 10층 석탑은 서울의 파고다공원에 있는 것과 유사하다. 백의의 한복 노인이 난간을 양손으로 잡고 걷는

멕시코 메리다의
한인회 회장(뒷줄
중앙 좌측)과
게니 관장(앞줄
중앙)

다. 우단에는 넓은 초립모자를 머리에 쓴 노부인이 엄숙한 얼굴로 앞을 응시하고 있
다. 그 아래에는, 집에서 농사일 하는 농부들이나 장기를 두는 3명의 남자들이 있고,
또 도롱이와 삿갓 모자를 쓴 2명의 여행자와 상반신 알몸의 남자가 도로에 서 있다.

　2) 유화의 좌측 − 110년 전 메리다 근교의 항구와 선박, 선인장(사보텐) 잎을 자르
는 중년 여성, 선인장을 지게로 지고 옮기는 남자. 초기 이민자들이 햇볕에 그을린
얼굴의 기념사진과 애니깽 농장의 굴뚝이 우뚝 서 있다. (관장의 해설)

4_ 박물관 관장, 게니 여사

　관장 게니(Genny Chans Song) 여사는 알바로 오브레곤 장군의 이발사를 맡고 있
던 타르시시오 장의 손녀이다. 율리세스(Ulises) 한인회 회장과 함께 오랜 세월 메리
다에서 가장 활발한 문화 활동을 해 온 한인 3세이며, 이민 1세의 멕시코 정착에 관
해서도 해박하다. 또 한국 문화에 대해서도 관심이 높다. 영어를 자유롭게 말할 수

있는 유일한 메리다 지식인의 한 사람으로, 젊었을 때, 2년 간 미국에 체류하였고, 30년 간 멕시코 교통 회사에 근무한 후 5년 전에 퇴직했다.

　게니 여사의 할아버지는 전직 군인으로 1905년 5월 14일에 멕시코 메리다로 이민해 왔다. 가족은 남편과 아들 하나이며 변호사. 형제는 5명이고 직업은 각각 회계사, 의사, 호텔 종업원, 화학 엔지니어, 식물 오일 회사의 사원이다.

　게니 여사가 메리다 한인 사회에서 주목받는 점은 부모나 조부모에 관한 화제를 가장 많이 견지하고 있다는 것이다. 그 일부를 소개하면 '사람의 얼굴을 보면 그 사람이 부자가 될 수 있을까 가난한 사람이 될까를 알 수 있다—할아버지의 이야기, 신발을 정연하게 두지 않으면, 복이 도망쳐 간다—인품이 좋은 조모의 이야기'를 기억하고 있다. 여사에게 조모의 재미있는 이야기를 해 주었으면 하고 부탁하니 '밤엔 늑대로 변모하여, 밀림에서 동물을 잡아먹는 아름다운 여성의 전설'에 관한 조모의 이야기를 중간쯤 하다가 도중에 멈췄다. 왜냐하면 어릴 적 들은 이야기였기 때문에 뒷부분은 잊어버렸다고 한다.

DIRECTIVA DE KORYUC EN EL CENTENARIO DE LA INMIGRACIÓN COREANA A MÉXICO

메리다 한인회
교류회

게니 관장은, '할머니, 이야기 하나 해 주세요'라고 하는 행사를 매월, 마지막 일요일에 박물관에서 개최하고 있다고 소개했다.

행사에서는 한복을 곱게 차려입은 2, 3세 할머니들에게 1세의 추억을 말하게 하며, 오래전 옛 노래를 부르게 하기도 하는데, 다만 할머니들이 기억하고 있는 동요는 1세대의 전래 동화와 멕시코 문화가 뒤섞여버린 혼합물이 되어 있다. 그러나 실제로 매월 선택되는 할머니들은 한국 문화원에서 보내 온 교재에 있는 전래 동화집 중에서 하나를 선택하여 그것을 기억해내고 있다. 솔직히 한인 2세, 3세는 1세로부터의 전래 동화는 물론 한국의 이야기를 들었던 적이 없고, 부모로부터 전해진 이야기도 가지고 있지 않다.

조부모로부터 많은 이야기를 들었던 있는 게니 관장조차도, 기억이 막연하기 때문에 최근 한국인 선교사들이 가지고 온 한국의 전설이나 예의범절에 관한 교재를 참고로 하여, 박물관 방문자들에게 한국에 관한 정보를 제공하고 있다고 이야기한다.

특히 게니 여사는 자신의 조상, 특히 조모에 관한 기억과 자부심이 강한 분이다. 나는 박물관 내에서 인터뷰를 하여, 메리다의 많은 지식인과 함께 사진을 찍었고, 특별히 여사의 회화는 영어가 주였다. 한국어는 능숙하지 않은 것 같았고, 내 저서 (한글판)『중국, 중앙아시아, 극동 러시아에의 여행』을 기증하니, 영문판은 없습니까 하고 물었다. 여사는 박물관 방문자들에게, 프로젝터를 이용한 슬라이드를 통해, 한인 이민사나 한국의 문화에 대해, 열심히 설명하고 있었다. 내가 특히 깊은 감명을 받은 것은, 박물관 중앙 벽에 걸려 있는 멕시코 한인 이민자가 그린 대형 그림 (370×240cm 정도)이다. 110년 전으로 거슬러 올라가 조선 본토나 멕시코에서의 한인 이민자의 일상생활, 애니깽 농장에서의 가혹한 노동의 모습 등을 각각 상세하게 그리고 있었다. 이 대형 유화는 요즘시대에 드문 뛰어난 명작이라고 생각되었다.

한인 이민사 박물관의 존재는 멕시코 이민의 역사나 고난사를 메리다 한인 사회의 성인들이나 후세에게 전하여, 조국 의식을 복원시키는 사명을 훌륭하게 달성하고 있다고 말할 수 있다. 이번, 멕시코에서 게니 관장의 활약을 눈앞에서 보고, 나는 한민족 여성의 씩씩함, 생명력, 우수성을 보다 더 깊게 이해할 수 있었고, 용기를 북돋을 수 있었다.

문헌〉

1) 김경하, 「어느 한국계 멕시코인의 "우리나라" ─《히스토리아》 다큐멘터리 제작을 끝내고」, 『트랜스라틴』 30호, 2014.12.

(2017.3.12)

3. 멕시코 한인이민 100주년 기념탑과 한인 사회

1_ 이민 100주년 기념탑

1905년 4월 4일, 한인 1,033명이 영국 상선 이르호드호를 타고, 인천 제물포항을 출발, 태평양과 대서양을 건너 1905년 5월 14일에 멕시코 유카탄(Yucatan)반도의 메리다에 가까운 프로그레소항에 도착했다. 메리다에 겨우 도착한 최종 인원은 1,014명이었다. 항로 도중 나가사키항에서 신체검사를 통과 못해 하선하거나 선내에서 몇 사람이 사망했다.

2005년, 멕시코 이민 100주년을 기념하여 기념탑이 세워졌다. 한국 정부, 한국 항공회사 KAL이나 ASIANA의 지원 및 메리다 한인회의 노력에 의해 염원하던 기념탑 건립을 완수할 수 있었다.

나는 멕시코의 메리다에 도착해 오전 중에, 시가 중심지에 있는 이민 기념탑의 장소를 방문했다. 10월의 맑은 가을 하늘, 그리고 푸른 하늘과 백운 아래, 우뚝 선 신선하고 아름다운 탑의 대좌석에는 스페인어와 한글로 게시문이 새겨져 있었다. 탑의 높이는 약 685cm이다.

멕시코 이민 기념탑

대좌석 위 좌단에 태극기가, 우단에는 멕시코 국기가 새겨져 있었다. 탑 정상의 좌우에는 조명 전등이 붙어 있어 기념탑은 아득히 먼 한반도를 향해 서 있는 것 같았다. 탑 색은 밝은 오렌지색으로 5단의 대좌는 대리석이다.

2_ 메리다의 한인 사회

우리세스(Ulises Park Lee) 씨는 메리다 한인회 14대 회장을 오랜 세월 맡고 있고, 부모님은 순수한 한인계 3세이다. 어머니는 기록 영화에도 등장하는 이 왕조의 친척 이덕순 여사이다. 아버지 쿠레센시오 파크의 영향을 받아서인가, 대화 중에 두세 개 한국어 단어를 사용했다. 아버지는 2014년 11월 1일 95세에 타계하였고, 어머니도 고인이다.

스페인어를 모국어로 하는 우리세스 회장은 지금도 '나는 멕시코인이지만, 이 나라의 인간이 아닌 우리나라의 인간입니다.'고 말한다. 이와 같이 그는 유카탄(Yucatan)인, 멕시코인, 한국인, 한국계 멕시코인, 이 나라의 사람, 우리나라의 사람이라고 스페인어 및 한국어의 표현을 혼용하면서, 액면으로 드러나는 여러 문화의 경계를 자유롭게 횡단하고 있었다. 나는 우리세스 씨에게 일본의 가쓰오사(勝尾寺) 사진(A4 크기)과 『Korea Today』 잡지 1권을 증정했다.

나는 메리다에 가서 한인 이민사 박물관 외에도 한인 회원 여섯 분과 인터뷰를 했다. 그 내용은 다음과 같다. (이하 스페인어 번역)

1) 인터뷰 : 우리세스 파크 리 (연령 76세, 이민 3세)
① 조상의 멕시코 이민 연대는?
1905년 5월 14일 메리다

② **당신과 자식들의 직업은?**

내 직업은 공장 사장. 지금은 은퇴했음.

가족은 아들 6명, 손자 13명, 증손자 2명, 그리고 아내.

③ **조국에 대한 견해와 의견은?**

내 증조부가 멕시코에 도착했을 때, 한국은 위험한 상태로 빈곤한 나라였습니다. 그 후, 모든 것이 변화·발전하여 한국에 대한 자부심을 나는 아내와 함께 공유하고 있습니다. 한국은 지극히 현명한 나라로 열심히 일을 하고 기술에 있어서도 선도하며 경제적으로도 유복하게 되었다고 생각합니다.

2) 인터뷰 : 게니 장 여사 (연령 65세, 이민 3세)

① 조상의 멕시코 이민 연대는?

1905년 5월 14일 메리다

② **당신과 자식들의 직업은?**

나의 직업은 박물관 관장. 남편과 자식은 아들 하나이며 국제 변호사.

할아버지(친가, 장 씨) - 황해남도 출신이고, 이민 시 서울 거주의 군인. 외할아버지(외가, 송 씨) - 부산 출신으로 13세 때 멕시코로 이민. 아버지와 어머니는 멕시코 출생으로 부모님 모두 고인. 형제는 5명(직업 생략).

③ **조국에 대한 견해와 의견은?**

나는 30년간 멕시코 교통공사에 근무했고, 5년 전에 퇴직하여 현재는 박물관 관장으로 있습니다만, 나는 다음 세대에 코리아의 자손인 것, 그리고 코리아와 우리의 조상을 자랑스럽게 생각하도록 가르치고 있습니다.

우리는 좋은 인간이 되도록 교육을 받았습니다. 우리 모두 혈관 안에 '꼬레아'의 피가 흐른다는 것을 매우 자랑스럽게 생각합니다.

나는 4년 전 2011년 여름에 4일 간 서울을 방문할 기회를 얻었습니다. 그 때 나는 오래도록 울었습니다. 왜냐하면 내 할아버지 두 분과 조모가 코리아를 재방문 할 수 없었기 때문입니다.
그래서 나는 코리아의 흙에 입 맞추고, 그들의 추억과 소망이 있는 이 나라에 올 수 있게 된
것을 신께 감사드렸습니다. 할아버지들은 나에게 많은 것을 가르쳐 주었습니다. 그 중에서도
주된 것은 코리아를 사랑하고 조상과 가족을 사랑하는 것이었습니다.

그들은 네게 말했습니다. '적은 네 나라, 집, 돈, 그리고 모든 기회를 빼앗고, 또 네 가족 몇
사람을 죽일 수 있을는지도 모르지만, 그들은 네 영혼과 마음을 빼앗을 수는 없다'고. 이 가르
침에 따라, 내 정신은 어떤 일이 있더라도 강해졌습니다.

나는 게니(Genny Chans) 여사에게 교토 헤이안신궁(平安神宮)에서 촬영한 '징검돌
이동'의 사진(A4 크기)과 『Korea Today』 잡지 1권을 증정했다.

3) 인터뷰 : 루이스 오란 올센 리 (연령 65세, 이민 3세)

① 조상의 멕시코 이민 연대는?
1905년 5월 14일 프로그레소항에 도착하여 애니깽 농장에서 선인장 수확 일을 했습니다.

② 당신과 자식들의 직업은?
내 직업은 택시업. 메리다 한인회 부회장.
아이는 다섯 명이고 두 명은 아들, 세 명은 딸. 장남은 개인 회사, 차남은 유가탄주 공무원.
장녀는 예술가, 차녀는 여학교의 영어 교사, 3녀는 엔지니어.

③ 조국에 대한 견해와 의견은?
일본의 속국으로 자유도 없이, 이 땅에 도착한 우리 조상의 모습은 불쌍했습니다. 그러나 우리
는 여기에 정착하여 거주하면서도 코리아의 피가 흐르고 있는 것과, 문화를 소유하고 있는 것
에 자부심을 가지고 있습니다.

4) 인터뷰 : 호세 에밀리오 코로나(고 씨) (연령 57세, 이민 3세)

부: 고훈열, 할아버지: 고희민, 조모: 김순이

① 조상의 멕시코 이민 연대는?
1905년 5월 14일 메리다

② 당신과 자식들의 직업은?
내 직업은 조사 연구회사 사원. 자식은 아들 두 명, 손자 세 명.

③ 조국에 대한 견해와 의견을?
한국의 피가 흐르고 있는 데에 자부심을 가지고 있습니다. 한국인은 매우 현명하다고 생각합니다.

5) 인터뷰 : 마리아 아나운서 손 여성 (연령 76세, 이민 2세)

1세의 할아버지가 16세 때 멕시코로 이주.

① 조상의 멕시코 이민 연대는?
1905년도에 메리다에 도착하여 레판(Lepan) 농장에서 칸페체주로 이주했습니다만, 1926년에 다시 유카탄주 메리다로 돌아왔습니다.

② 당신과 자식들의 직업은?
내 직업은 노동자. 10형제 중 8명은 사망하고 남동생 한 명이 있습니다. 자식은 다섯 명이며 아들 세 명 딸 두 명, 손자는 12명입니다.

③ 조국에 대한 견해와 의견은?
아름다운 나라라고 생각합니다. 아버지로부터 한국은 친절한 사람들이 사는 곳이라고 들었습니다. 매년 방문하는 한국인들과 만나면 기쁘고, 한국인인 것을 영광으로 생각합니다.

6) 인터뷰 : 마르코스 렌돈 로페스 소사 (연령 60세, 이민 4세)

① 조상의 멕시코 이민 연대는?
1905년 5월 14일 메리다

② 당신과 자식들의 직업은?
내 직업은 전 연방정부 판사.

테레사 부인은 독일계로 멕시코 칸페츄주에서 탄생. 딸은 세 명.

가족구성은 증조부가 한국인, 조모 한 명이 리비아인, 그 밖에 스페인과 아일랜드의 피가 섞였습니다.

③ 조국에 대한 견해와 의견은?

마르코스는 어렸을 때부터 조모가 만들어 준 채소볶음(잡채)를 먹으면서 증조부에 관한 이야기를 듣고 있었으므로, 자신의 몸에 "한국의 피"가 섞여 있는 것을 알았다고 이야기했다. 2005년 인류학을 전공하는 장녀 세실이 문화유산 학술잡지(INH)에 게재된 한인 이민 100주년 기념 논문을 읽고 가족 이름인 소사(Sosa)가 원래 한국식으로 '서'라는 성씨라는 것을 알게 되었다. 이때부터 소사 가족은 이민사 박물관 행사에 적극적으로 참가하기 시작했다고 한다. 마르코스는 한인회장 우리세스와 박물관장 게니 여사의 덕분에 한국을 다시 배워 알게 되었고, 그 불명한 부분을 보충할 수가 있었다고 감사하고 있었다. 이후로 소사 가족은 자신들을 '우리나라 사람'이라고는 말하지 않지만, 희미해져 간 조국의 흔적을 적극적으로 꺼내려 하고 있다.

현재 테레사 부인은 한국요리 책을 구입하여 한국식 잡채요리를 만드는 방법을 배우고 있다. 장녀 세실은 틈틈이 한국 이민사를 공부 중이며, 딸 레오놀과 바렌티나는 친구와 함께 K-POP 댄스 그룹을 결성해 활동하고 있다. 부친 마르코스도 태극기 스티커를 자동차 뒤에 붙이고 한인회 회원이 되어 메리다를 찾아오는 한국인들

마르코스의 가족

과 활발하게 교류하고 있다. 테곤드의 교사이기도 하다.

내가 마르코스 소사의 가정을 저녁에 김형철 목사의 안내와 소개로 방문했을 때 부친 마르코스를 시작으로 가족 다섯 명이 나를 따뜻하게 맞아 주었다. 예전부터 서울에서 발행된 논문 중에서 가족사진을 보고 있었지만, 가족 일동이 매우 사이좋고 평화롭고 단단한 정으로 연결되고 있는 모습이 여기에는 있었다. 그 가족 사랑을, 나는 가족 다섯 명이 자택의 소파에 앉아있는 모습으로 기념사진을 촬영했다. 나는 귀가 직전 부친 마르코스에게 교토에서 촬영한 가모가와(鴨川) 상류의 '요시노 사쿠라' 사진(A4 크기)과 후쿠시마산의 아름다운 '장미' 사진을 부인 테레사에게 건네어 드렸다. 장녀 세실에게는 일본인 화가 이시이가 90년 전에 그린 '주방'이라고 하는 조선 여성의 회화 사진을 선물했다.

이번의 메리다 방문에서 안내해 주신 김 목사의 이야기대로, 마르코스가의 아름다운 가족사랑에 나는 깊은 감명을 받았다.

문헌〉

1) 김하경, 「어떤 한국계 멕시코인의 "우리나라" –《히스트리아》 문서 Document 제작을 끝나고」, 『트랜스 라틴』 30호, 2014.12.

(2017.3.24)

4. 멕시코 메리다의 마야 세계대박물관과
거대 운석 낙하마을

2015년 10월 12일, 나는 운석 낙하의 마을 유카탄 반도의 츄크슈르브에 가서 취재하여, 안내인의 알림에 따라, 공룡과 운석이 전시되어 있는 마야 박물관을 혼자서 방문했다. 이번 멕시코 유카탄 반도에서의 운석마을 조사는, 일본 기후현 다카야마 시에 거주하는 에가와(江川) 여사의 의뢰에 따른 것이었다.

1_ 마야 세계대박물관

'마야 문화제전 2012'의 개막일인 2012년 12월 14일에, 마야 세계대박물관(Gran Museo del Mundo Maya)이 개관했다. 여기에는 전 유카탄주지사가 칠억 칠천만 페소(약 500억 원)를 투입하였다. 박물관의 목적으로는 마야 문화에 관한 지식의 진흥·보급, 유카탄 마야 민족으로서 자부심의 토대가 되는 문화 요소를 재창조하는 것을 들 수 있겠다.

1) 입지와 건축

박물관은 메리다시 북부, 컨벤션센터 '시그로 21' 근처에 위치한다. 설계는, 유카탄주 출신의 세 건축사가 담당했다. 세 명이 도전한 과제는, 건축을 통해 '마야를 과거의 것이 아니라, 지금을 사는 문화로서 재평가하는 것'이었다. 그들은 마야 문화에 관한 조사와 논의를 거듭한 결과, 마야의 세계관에 있어서 중요한 의미를 가지는 세계나무 세이바를 박물관의 모티브로 선택했다.

2) 전시 내용

상설전은 총 사부 구성으로, 합계 500점 이상의 전시물이 전시되어 있다.

제1부 '마야브, 자연과 문화' 섹션은, 마야 세계의 지리 및 그곳에 살던 주민의 풍부함과 다양성을 소개하는 도입부가 차지하고 있었다. 입구를 지나면, 정면에는 초록색 십자가를 모신, 마야 문화를 상징하는 제단이 방문객을 맞아들인다. 프로젝터를 사용한 비디오 상영이나, 유카탄 반도 고유종의 동물 모형도 있다. 전시물 보다 많은 사람의 관심을 모은 것은, 터치 패널식의 화면이다. 그것은 3대 설치되어 '정복 시에 마야인의 인구는 얼마였는가', '고대 마야인은 어느 정도의 수명을 가졌는가' 등의 질문 사항에 방문객이 답하면 해답이 표시된다. 이와 관련하여 이 기기를 비롯해 전시실의 표기는 모두 유카탄 마야어, 스페인어, 영어로 이루어져 있다.

계속되는 제2부 '현대의 마야'에는, 현대 마야 선주민 문화가 테마이다. 해외로의 객지벌이 이민도 포함한 가족구성의 설명을 시작으로, 교육, 의례, 일상생활을 취급하고 있다. 그곳에서는 다양한 생활양식이 있다는 것을 인정하면서도, 토지 소유 형태, 사회조직, 세계관, 언어에 대하여, 일정한 정의를 내리고 있다. 주된 전시물은, 전통 의상 복제품이나 의례의 제단을 재현한 것, 일상생활이나 축제에 대해 전설 모음식으로 자수를 놓은 현대 마야 선주민의 작품이다. 또, 현대 마야 문학 작품도, 터치 패널식의 화면에서 작가를 선택하여 열람할 수 있다. 제3부 '과거의 마야인'은, 식민지화에 의해서 발생된 경제·사회·정치적인 변화가 테마이다. 식민지화의 과정에서의 취락의 모형이나 카톨릭 유물 등이 전시되고 있는 것 외에, 캐스터 전쟁을 특집으로 하는 구획이 설치되어 비디오 상영도 이루어지고 있다. 이 섹션에서는, 마야 문화가 식민지화에 의한 여러 가지 변용에도 불구하고, 가정이나 마을 내에서 존속해 왔다고 하는 결론으로 이어지고 있다.

3) 연속성의 연출

상설전과 동시에 특별전 '치크슈르브: 공룡의 멸종'을 견학하는 것은, 방문객에게, 인류의 역사와 마야의 역사를 하나의 연속체로서 의식하는 효과를 일으킨다. 이 특별전은, 6500만 년 전에 공룡의 멸종을 일으킨 운석이, 현재의 유카탄주 치크슈르브에 충돌한 것을 테마로 한 전시이다. 거기에는 공룡의 골격 모형 전시를 시작으로, 운석의 충돌, 공룡의 멸종, 인류의 탄생까지를 학습할 수 있는 공간이 만들어져 있다. 여기서부터, 마야 세계대박물관이 마야 문화 뿐만이 아니라 '인류 탄생의 기원'이라고 하는, 보다 큰 배경으로 유카탄 반도를 자리 매김을 시키려고 하는 전시주최측의 의도를 읽어낼 수 있었다. 그것은 확실히, 마야 문화 축제에서 반복해서 사용된 캐치프레이즈 '유카탄, 기원의 땅, 모든 것이 다시 시작되는 땅'에 응축되어 있다.

4) 결어

마야 문화축제 제전은, 2012년을 제1회로 매년 개최할 것을, 당시의 대통령 및 주지사가 선언했다. 본 보고에서 다룬 박물관은, 여러 가지 주체, 장소, 시대하에서 복합적인 형태를 만들어져 온 언설의 일부를 구성하는 요소에 지나지 않는다. 그러나 '유카탄의 정체성을 발견하는 장소'라고 내걸 수 있었던 현대판 마야 건축 사업은 자본이나 정치에 의해 짜인 문화 산업의 상품이며, 주 정부의 마야에 대한 입장을 반영하는 장소로 거기에서 발신되는 메시지를 주의 깊게 검토하는 데 의의가 있다. (문헌 1)

이상과 같이, 현대에 이르러 멕시코 유카탄 반도에서는 서양인과 마야인 사이의 정치가들이, 마야 문명을 밝혀내 재평가함으로써, 정체성의 복원과 스페인 식민지 우월 사상으로부터의 해방을 선언하고 있는 것이다.

2_ 거대 운석 낙하마을

메리다에서 북동쪽으로 약 30분 거리에 있는 해변 마을 주변에, 6500만 년 전 우주로부터 거대 운석이 떨어졌다고 전해지고 있다. 이 마을에 가 보면, 운석 일기를 판에 실은 기념기둥이 서 있다.

이 마을 주변에서 발견된 츄크슈르브 크레이터가 낙하 유적지라고 생각되고 있다.

그 후, 유카탄 반도의 이 지역에 마야 문명이 번창한 것으로 운석 돌입이, 인류에게 은혜를 가져온 것이라고 생각되고 있다. 도쿄대학의 우주 연구자, 마쓰이 다카시 전 교수는 몇 차례에 걸쳐, 멕시코 대서양 측의 운석 낙하와 지층의 조사를 실시했다. 마쓰이 교수는 '운석이 떨어진 후, 고대 마야 문명이 번창했다는 것은 몹시 특이하다'고 말한다.

1991년에 멕시코 유카탄반도의 지하에, 직경 200~300km 정도의 큰 크레이터가 있다는 논문이 발표되었다.

태양의 표면 온도는 섭씨 약 6,000도이지만 운석이 발생시키는 열은 그보다 높았다고 한다. 운석은 대기와의 마찰로 거대한 불덩어리가 되어, 유카탄 반도 북부의 바다로 떨어졌던 것이다.

또한 1980년 유럽 여러 곳에서, 보통은 지각 안에 별로 포함되지 않은 이리듐이란 원소가 6500만 년 전 지층 속에서, 아래 지층에 비해 100배 정도 많이 포함되어 있는 것을 알게 되었다. 이 발견을 한 그룹은 가장 가능성이 높은 가설로 거대 운석이 낙하했기 때문이 아닐까 하는 생각을 주장했다.

시기는 백악기로, 멕시코 유카탄 반도 앞바다에 갑자기 직경 10km의 거대한 운석이 낙하했다. 대지를 흔들고, 차례차례로 밀려드는 큰 해일. 공룡을 멸종시킨 파국적인 격변이었다. 1991년 캐나다의 연구자가 유카탄 반도의 중력 데이터를 모아 해석하여, 그 데이터가 달의 크레이터의 중력이상과 매우 비슷하다는 것을 깨달았다. 그래서 이것은 거대 운석의 충돌에 의한 크레이터 같다고 하여, 크레이터의 중심에 위치하는 마을의 이름을 따서 츄크슈르브 크레이터라고 불렀다. 미국 브라운 대학의 비트 슐츠 교수는 이 크레이터에 관해서 '운석이 남쪽에서 북쪽으로 비스듬하게 부딪쳤기 때문에 타원형이 되었다'고 발표했다. 이 타원형의 크레이터는 달이나 행성 전체의 10% 미만 정도에서 발견되고 있다고 한다.(문헌 2)

문헌〉

1) 이노우에 아키토, 「마야 세계 대박물관의 개요」, 『라틴 아메리카·카리브 연구』 제20호, 66-71쪽, 2013.
2) 마쓰이 타카노리, 『재현! 거대 운석 돌입』, 이와나미 신서, 2009.

(2017.3.15)

5. 멕시코시티의 한인 사회

이번에, 모종의 인연으로, 2015년 6월 중순, 멕시코시티를 방문하게 되었다. 그것은 한인의 멕시코 이민사를 연구하는 것이 주된 목적이었다. 멕시코시티에서 3박하여, 이틀간은 멕시코시티 거주 동포와 회합할 수 있었다. 그러나 민족이 같아도 말이 통하지 않는다는 것을 알았다. 방문한 멕시코시티의 동포 공관 및 시설은 ① 한국 대사관 ② 한국 문화원 ③ 기독교회 ④ 한인 경영의 마켓 ⑤ 민족마을이라고 하는 이름의 한국 식당 ⑥ DPCT 회사 등이다.

1_ 멕시코 합중국

멕시코는 북아메리카 남부에 위치하는 공화제 연방 국가이다. 공용어는 스페인어이며. 총인구는 약 1억 2천만 명이고, 면적은 196만km²(일본의 약 5배)로 수도는 멕시코시티이다. 민족은 유럽계(스페인계 등) 와 선주민의 혼혈(60%), 선주민(30%), 유럽계(스페인계 등, 9%), 흑인(1%) 등이다. 종교는 국민의 90%가 카톨릭 신자이다.

스페인에 의한 아메리카 대륙의 식민지화 중 에서, 1492년 콜럼버스가 아메리카 대륙 도달 후, 16세기 초 1519년 스페인 코르데스 등이 멕시코에 상륙하여, 아즈텍의 내분과, 신화의 전승 등을 유리하게 이용하여 전투를 실시한 끝에 정복자가 되었다.

선주민은 황색인종이지만, 오르메카족은 아프리카에서 왔다. 빨갛고 네모진 의품장식을 제작하는 것은 위쳐룬족으로, 멕시코시티에서 8시간 떨어진 산속에 거주하는 부족이다. 이들의 의품장식은 조선 고래의 것과 어딘가 유사했다.

2_ 멕시코시티 방문

이 도시에서 3박하고, 이틀간은 대사관이나 동포의 문화 시설 및 기독교회, 상사, 레스토랑 등을 방문했다.

1) 주멕시코 대사관

멕시코시티의 북부에 있는 대사관에 가서, 장상혁 총영사, 정제단 영사와 만나, 멕시코 한인 주민 및 멕시코 이민사에 대하여 환담했다. 장 총영사는 온화한 성격의 외교관으로, 자기주장을 하지 않고, 뒤에 말하게 될 유카탄으로 이민 온 이민 3세, M. Yu 씨(78세) 와 따님 A. Yu 씨(55세)를 소개해 주었다. 장 총영사에게는 『중국, 중앙아시아 기행서』(한글판), 『Korea Today』 5월호 및 「멕시코로의 이민(1)」(한글 번역 논문)을 건네드렸다.

2) 한국 문화원

멕시코시티 중심부에 위치한 한국 문화원은 한국 정부의 지원에 의해 건설되어 2012년 3월 13일에 개원했다. 3층 건물의 복합문화 시설에서는 한국어 교실이나 문화 강좌나 시청각실에서의 한국 영화 등의 상영, 그리고 여러 가지 전시도 행해진다. 원장은 장치영 씨, 주임은 박미미 씨로 두 명 모두 한국에서 왔다. 직원은 20여 명인데 현지인이 다수로, 스페인어만으로 이야기하고 있었다. 각 방은 한국 문화를 알리는 제작품, 전통 의복, 해인사 종(소형 레플리카) 등이 전시되어 있었다. 한글 교실을 들여다보니 약 30명의 현지인 여성들이 한글을 배우고 있었다.

장 원장의 지시로 내 안내를 담당한 박미미 씨는 젊고 유능한 여성 주임으로, 내가 한글판 기행서의 팜플렛을 건넸더니 그것을 꼭 보내줬으면 하고 요청했다.

3) 한인 교회

멕시코시티에는 한인 교회가 11개가 있다고 말하고, 그 중에서도 가장 큰 '멕시코 한인 연합 교회'(장로파)를 방문했다. 월요일이기 때문에 목사와 만날 수 없었으나, 일본이나 미국(Boston 한인 교회-장로파)의 한인 교회 등과 비교하면, 상당히 소규모였다.

4) 한인 레스토랑과 마켓

'민족 마을'이라고 적힌 한국식당에도 갔는데, 이곳도 소규모 가게였다. 그곳에서 파라과이로부터의 3차 이민 유학철 씨(40세)와 중년 부인과 함께 셋이 합석해서, 대화를 나눌 수 있었다. 두 명에게는 멕시코시티 한인회를 방문하고, 멕시코 이민에 대해 들어야 한다고 하는 조언을 받아 다음에 올 수 있으면 소개를 부탁한다고 했다. 유 씨는 한국에서 파라과이로 이민을 갔는데, 여러 가지 사정으로 대학을 중퇴하고, 멕시코로 재이민해 왔다. 멕시코에는 3차 이민의 꼬레아가 많다고 한다. 멕시코시티에 한인 상가는 없고, M. 마트라는 마켓을 찾아갔는데, 미국의 H. 마트와 달리 매우 작은 식료품점이었고, 다른 마켓도 마찬가지였다.

5) Yu 씨 가족

총영사의 소개로, 멕시코시티 시내의 DPTC라는 회사를 저녁에 방문했다. 이 회사는 기업체의 사업 계획이나 상담을 받아 주는 컨설턴트 회사였다.

부친 M. Yu(78세) 씨와 딸 A. Yu(55세) 씨 두 명을 만나 의견을 교환했다. 그러나 두 사람 모두 스페인어밖에 하지 못했고, 영어나 한글은 전혀 모르는 분위기였다. 전날, 총영사로부터 통역을 한 명 수행해야 한다고 들었으나, 여행지에서 그런 여유가 없었고, 밤사이 생각 후, 영어로 쓴 질문서를 호텔의 프론트에서 스페인어로 번역해서, 회사에 들고 갔다. 부친이나 딸도, 지식인 같고 노트 PC를 회사 책상 위에

올려두고, 부친이 옆에 앉아 질문(처음은 5문) 에 대한 해답을 하여, 딸이 확인하며 타이핑을 하고, 그 파일을 USB로 옮겨, 회사 내 PC에서 프린트하여 내게 건네주었다. 딸은 현재, 이 회사의 사장으로, 여성 한인회의 회장도 맡고 있는데, 미인으로 총명한 사람이었다.

스페인어를 이해할 수 없는 나는, 들고 돌아온 다음 날 멕시코시티의 공항에서 양쪽 언어를 모두 이해할 수 있을 것 같은 백인 여성에게 번역을 의뢰했다.

M. Yu 씨가 대답한 문장 내용은 레벨이 높고, Yu 씨의 높은 교육 수준을 느끼게 했다. 총영사가 소개할 정도의 사람이며, 지식인의 한 사람인 것 같았다. 자식은 여섯으로 모두 대학에 다녔고, 많은 자격증을 가지고 있다고 한다.

110년 전에 한반도에서 멕시코의 유카탄 반도로 이민 온 후손의 3세나 4세가 조국의 언어를 전혀 이야기할 수 없는 것은 전 세계 공통된 상항일지도 모른다.

내가 제출한 질문에 대한 Yu 씨의 대답은 아래와 같다.

○ 인터뷰 : 마키시미노 YU LEE

연령 78세, 멕시코 이민 3세.(Yu는 아버지, Lee는 어머니의 성)

1) 당신의 조상은 언제쯤 멕시코로 이민을 왔고, 가족은 언제쯤 멕시코시티로 이주했습니까?

1905년 한국 인천에서 4년 계약으로 애니깽 농장(Hacienda)에 갔습니다만, 배로 오어하카(Oaxaca) 주의 사리나 크루스(Salina Cruz) 항에 도착, 철도로 이동하여, 유카탄주 메리다에 도착했습니다. 그 후, 내 가족은 1929년 베라 크루즈(Veracruz)로 옮겼고, 거기로부터 멕시코시티로 이주해 왔습니다.

2) 당신과 자식들의 직업은?

내 직업은 배우입니다. 자식 여섯 명의 직업은 다음과 같습니다.

미겔 안헬 YU : 전기 수리 기사

이르마 아라세리 YU : 민사교육학사, 경영 컨설턴트 회사 사장

마리아 테레사 YU : 화학약제사, 생물학자

페르난도 YU : 커뮤니케이션 네트워크 시스템 엔지니어

알레한드로 YU 광고 마케팅 학사

빅토로워고 YU : 경영학사 및 연방경찰 경부

3) 조국에 대한 견해와 의견을?

나는 지금, 나의 원점이 한국인 것, 그리고 멕시코에서 태어났음에도 불구하고, 내 안에는 한국의 피가 흐르고 있는 것을 매우 자랑스럽게 생각합니다. 조국은 직면하지 않으면 안 되는 싸움에 괴로워했음에도 불구하고, 나라를 훌륭하게 성장시킨 방식이나, 온 세상에서 1, 2위의 힘을 가지는 국가로 성장시킨 것 등을 존경하고 있습니다. 최신의 생활방식을 가지고 있으면서도, 예로부터의 전통적 문화나 습관을 잊지 않고, 우리의 자손에게 우리 조상의 기원을 잊지 않도록 전하고 있습니다.

우리를 잊지 않고, 멕시코 한인 사회를 본국과 같이 가족의 일원이라고 봐 주셔서, 항상 지원해 주시는 한국 정부에 대해 진심으로 감사드리고 있습니다. 이 위대한 멕시코 한인 사회의 자

손들의 커뮤니티에, 이제부터 다양하고 훌륭한 것을 주는 미래에 감사하면서, 이상의 답신을
드립니다.(2015.6.16)

이 답변서에 나타나있듯이, 최근 한국 정부의 경제 원조에 의하여, 멕시코 한인
사회의 단결과 동료의식이 도모되었다고 한다.

3_ 멕시코시티의 한인회와 각종 한인 단체

한인회 제 1대는 1996년에 조직되어 2004년 7월의 시점에서 제7대째가 된다. 멕시
코의 한인수는 1990년부터 급격하게 증가하였고, 그에 따라 한인회의 규모도 상당
히 확대되어 갔다. 2004년, 멕시코 전역의 한인 인구는 18,000여 명으로 그 중 13,000
명이 수도 멕시코시티에 거주하고 있다고 추측된다. 당시 한인회 건물은 100주년
기념사업회와 한인 2, 3세의 사무실이 함께 입주해 있었고, 건물 임대료 차용비(월
13,500페소)는 한인회가 부담했다.

멕시코시티 한인회의 연중행사

1) 5월 1일, 한인 체육회를 개최하여 친목을 도모
2) 11월 29일, 청소년 문화 축제
3) 12월 25일, 크리스마스 행사. 주로 시내의 Fiesta Americana 호텔을 빌려 송년
   행사를 실시

각종 한인 단체(2004년부터)

1) 한글학교
   20여 년간 한글학교를 운영해 오고 있고, 임대한 교실에서 180여 명의 학생들

이 토요일에 모여 공부한다.

2) 한인 목회자 협의회

이 교회 연합회에는 11개 교회 지도자들이 참가하고 있다. 교회는 이민 사회의 특징을 고려하면, 한인 사회에 있어서 매우 중요한 역할을 맡고 있다. 따라서 한인 커뮤니티 행사에는 각 교회의 협력이 요구된다.

3) 골프 협회

회원 수 70여 명의 친목 단체이며 주로 상사원, 주재원, 사업가가 주축을 이루어, 멕시코 상류계급의 교류회 성격이 강하다.

4) 축구 협회

축구는 멕시코에서 가장 인기 있는 스포츠이다. 한인 사회에 있어서도, 교류 활성화와 친목 강화를 위한 방안으로, 축구 경기가 많이 활용되고 있다. 한인 인구가 크게 증가한 현재, 축구 협회를 통해 상호 친목을 도모하고 있다.

4_ 이민 세대 간의 차이와 불화

현재 멕시코시티에는 1990년대 이후, 한국에서 이주해 온 세대가 다수를 차지하고 있다. 또 메리다에서 이주해 온 이민 1세대의 후손들도 다수 거주하고 있다. 완전히 현지화 된 1905년 이민 1세대의 후손과 최근 이주자들과의 사이에 의사소통의 어려움, 문화적 차이, 상호 존재에 대한 인식 부족 등의 이유로 교류는 별로 없다. 그러나 이민 100주년 행사가 상호 인식을 도모하는 중요한 계기가 되었다. 2004년의 시점에서, 멕시코시티에 거주하는 한인 2,3세는 약 200명에 이른다고 추측된다.

100주년 기념사업은 2005년 2월에 행해졌고, 그 기념사업으로 내건 전체계획의 일부는 다음과 같다.

1) 멕시코 한인 이민 100년사 편찬

2) 유카탄에 옛 한인 회관을 복원

3) 이민 100주년 기념비 제막

4) 애니깽 축제

......

14) 이민사 기록영화 제작

15) 홍보

16) 한인 회관을 겸한 한글학교의 개설

    2015년 6월, 내가 멕시코시티를 방문했을 때, 상기의 계획은 어떻게든 달성되어 있었다. 이민사로써 『멕시코 한인 이민 100년사 상, 하』(이자경 저)가 출판되었다. 한인 회관은 한국 정부가 2012년에 긴설하여, 3층 건물의 한국 문화원이 되어 있다.

문헌 〉

1) 「멕시코」, Wikipedia.

2) 문남권, 「지역 사회의 구조」, 국립민속박물관 편, 『멕시코 한인동포의 생활문화』, 국립민속박물관, 2004. '2.멕시코시티 한인회와 각종 한인 단체'

(2017.4.18)

6. 멕시코 메리다의 애니깽 농장

하와이 이민과 함께 잊어서 안 되는 것은 멕시코 이민이며, 그 가혹했던 역사이다. 110년 전, 멕시코의 메리다로 이민 간 한인들에 대하여 해설하기로 한다.

1_ 메리다에 도착

멕시코의 유카탄 반도 메리다는 1905년 인천 제물포항을 출발하여, 멕시코의 농장 노동자로서 건너와 정착한 장소이다. 애니깽은 스페인어로 Henequen라고 표기하며, 애니깽은 건조한 기후에 강한 대형 난초의 일종이다. 푸른 잎을 벗겨내면 솟아 나오는 강인하고 탄력성 있는 섬유로 선박용 로프나 그물 해먹 등을 만드는 데 이용되고 있다.

애니깽 재배 사업은 19세기 후반, 제국주의 식민지 쟁탈전에 의해 선박 화물 운반량의 증가에 수반되어, 필리핀의 마닐라 섬유와 함께 세계의 로프 시장을 양분해 전성기를 맞이했다. 그러나 인공 섬유가 개발되면서 사양 산업으로 전락해 갔다.

멕시코 이민자들은, 이 단단하고 가시가 있는 1~2m의 애니깽을 '오죠크이'라고 불렀다. 이 애니깽의 전성기에 한인들의 멕시코 이주가 시작되었던 것이다.

1900년 전후, 한민족은 만주나 하와이 등으로 이주했던 시기가 있었다. 때로는 망명지로 때로는 생활고로부터 벗어나가기 위한 신천지를 찾아 선택했다. 또, 일본이 조선을 식민지로 만들고 해외이주를 노골적으로 기획했던 시기이기도 했다.

이 시기, 미주 지역으로의 이주는 하와이 사탕수수 농장으로 가는 노동 이민이 대부분을 차지하고 있었다. 1902년 12월 22일, 121명의 출발을 그 시작으로, 몇 차례에 걸쳐, 7천 2백여 명이 이주해 갔다. 물론, 공식적이고 자발적인 이민이었다.

한편, 1905년 2월 28일에 출발하여 단 1회로 끝난 멕시코 이민은 일제의 정책에 의해 조직적으로 행해진, 말하자면 '노예 이민'이었다고도 말할 수 있다. 멕시코 이민은 일본의 이민 회사 '대륙 식민 합자회사'가 강제적으로 모집한 1천 33명의 노동자의 이민이었다. 그들은 주로 서울, 인천, 부산 등지에 거주하고 있던 구 대한제국 군인, 전직자, 소작농, 불량인 등 양반에서 천민에 이르기까지 다양한 신분 계층을 이루고 있었다. 이러한 이민자 가운데 인천 출신자는 225명으로, 이것은 당시의 인천 인구의 0.25%에 해당하는 숫자이다.

1904년 12월 17일자 『황성신문』에 게재된 농부 모집 광고 내용은 다음과 같다.

북미, 흑서가국(멕시코)은 미 합중국과 인접하는 문명 강국이다. 이 나라에는 부자가 대부분이고 가난한 사람은 적다. 노동자 모집이 어렵기 때문에, 한인도 거기에 가면 반드시 큰 이득을 볼 것이다. - 당시 멕시코는 대한제국과는 비교할 수 없을 만큼 부유한 나라라고 했다.

1905년 4월 4일, 한인 1,033명은 영국 상선 S.S. Ilford호를 타고 제물포항을 출발, 태평양을 건너 5월 9일에 멕시코 서부의 와하카(Oaxaca)주 살리나 크르즈(Salina Cruz) 항에 도착했다. 태평양을 횡단하는 긴 항해의 도중, 선상에서 3명이 사망했다. 이민자들은 여기에서 기차로 갈아타 멕시코만에 있는 Veracruz Coat Zacoalcos에 도착한 후, 다시 배를 타고 5월 15일 메리다(Merida) 근처 Progrcso항에 도착했다.

메리다에 도착했을 때의 최종 인원수는 1,014명으로, 이 중 남성이 800명이고, 나머지 214명은 여성과 아이들이었다. 하와이 사탕수수 농장 이민자의 경우, 남성이고 "농장 노동자"였던 데 비해, 그들은 가족 단위였던 것이 다른 특징이다. 멕시코 이민은 일본인 이민 회사 '대륙 식민 합자회사'가 거짓으로 또 강제적으로 모집한 노동자 이민이었다고 말할 수 있다.

메리다 지역에 도착한 그들은 유카탄 지역의 농장주들에게 노예 경매와 같은 순서를 거쳐 팔려갔다. 당시 유카탄 지역의 농장을 아시엔다(Hacienda)라고 칭했지만, 이민자들은 24개소의 애니깽 재배 농장으로 분산되었다.

노임은 어른 1인당 35센트, 청년 25센트, 아이 12센트로, 노동 시간은 1일 12시간이었다. 당시 25센트와 교환할 수 있던 것은 쌀 2합, 빵 9장, 그리고 약간의 콩과 옥수수였다. 그 때문에 생계를 유지하는 것조차 어려웠다. 하와이보다 훨씬 더 가혹한 노동 조건으로, 확실히 노예와 다름없이 날이 밝는 4시경 종소리에 일어나 해가 질 때까지 일하고 돌아오는 것이 하루의 일과였다. 밤에는 그들이 기거하는 방에 열쇠를 잠가놔서 다른 집이나 아시엔다를 방문하려면 감독관이나 농장주 등의 통행증을 받지 않으면 안 되었다. 도망이 속출했고 대부분의 도망자는 잡혀서 계약 조건 위반으로 감옥에 갇히고 처벌 받았는데, 이 처벌은 평소의 가혹한 노동에 비하면 휴식과도 같은 것이었다고 한다.

애니깽 농장은 섭씨 40도 전후의 불바다와 같은 더위 속에서 독사와 전갈 등 해충이 가득하고, 현지 원주민조차 기피하던 장소였다. 당시 그들은 농장에서 원주민 인디오보다 더 나쁜 대우를 받았다. 한인들은 애니깽 가시에 찔리면 몸이 부으면서도 매일 5천~6천 개의 애니깽 잎을 채취했다. 그러나 일당 1엔 30전이라고 하는 약속과는 달리 35전도 안 되는 일당이 주어졌다.

배당된 농장 숙소(마야 원주민의 가옥)도 동물 오두막과 다름이 없었다. 이러한 악조건 하에서도 한인들은 작업용 장갑을 제조하여 사용하고, 능률을 올렸다.

1909년 5월 12일, 4년간의 계약기간이 끝나면서 결국 자유가 그들에게 주어졌다. 멕시코 농장주와의 계약서는 날조된 것으로 '부채 노예'의 성격을 띤 것이었다. 그러나 한인들은 그 본래의 성실성 덕분에 얼마인가 대금을 지불받은 후, 전원이 계약으로부터 해방되었다. 하지만 계약 노동이 끝나 자유를 얻은 후의 현실은 훨씬 더 참담했다. 귀국을 위한 뱃삯을 준비하기 옥수수에 소금만을 찍어 먹은 한인들의 조국은, 일본의 식민지가 되기 직전에 놓여있었다(1910년, 대한제국은 일본의 식민지가 된다). 그리고 조국은 너무 멀리 있고, 아무도 그들에게 관심을 보이지 않았다.

조국에의 귀국을 포기하고 멕시코에 정착할 수밖에 없는 그들은 결혼하고 가정을 꾸리지 않으면 안 되었으나, 남성이 대부분이고 여성의 수는 극단적으로 적었다. 결국 현지 멕시코 사람들, 정확하게 말하면 마야 사람들과 결혼할 수밖에 없었던 것이다. 백인의 피가 섞인 메스티소들과 노예와 다르지 않는 "꼬레아노"가 관계를 맺는 것은 있을 수 없었고, 만날 기회마저 없었다.

그리고 많은 사람들은 험한 애니깽 농장을 떠나 유카탄 반도의 각지에 정착하게 된다. 스페인어를 하지 못하고, 하층민인 그들이 할 수 있는 일이라고 하면 당연히 육체노동이었다. 부두의 하역 노동자나 염전에서의 소금 제조일을 하거나 했다. 일부 사람들은 보다 좋은 생활을 바라고 '쿠바의 사탕수수 농장'으로 이주해 갔다. 낙천적이고 일에 무관심한 현지인과는 달리 한인들은 본래 근면성과 개척 정신이 강해 생활은 점차 안정화 되어 갔고, 다시 돌아갈 수 없는 조국을 그리워하며 단체(일종의 한인회)를 만들게 된다. 그들이 최초로 정착한 당시, 멕시코 사회에서 차별을 받지 않기 위해서는 하루라도 빨리 스페인어를 습득할 필요가 있었다. 그러는 동안에 아이들에게는 한국어 사용을 금지하여 현지어만을 사용하게 시켰다. 그러한 가운데, 미주 지역의 독립 운동 단체가 이 지역에 관심을 갖게 된다.

1917년, '대한인국민회' 총회장인 도산 안창호 선생이 일 년 넘게 멕시코에 머물며, 한인 사회의 통합을 주도했다. 도산은 그들을 지도하여 각종 나쁜 습관을 금지하는 운동을 실시하고, 한인회관의 건설, 국어학교의 설립, 경찰 조직, 실업회사 설립 등의 운동을 활발하게 전개시켜 갔다.

1919년 3·1 운동 이후, 상하이에 대한민국 임시 정부가 수립되면서 해외에서의 독립 운동이 활발하게 전개되었다. 이 때 해외 독립 운동의 중심은 미국에 있었다. '자유와 정의'를 추구하는 국가였으므로, 그곳에 거주하면서 배운 경험이 독립 운동의 구심점이 되었다. 당시, 해외 독립 운동을 위한 '독립 공채'가 발행되었는데 하와이 사탕수수 농장의 노동자들이 고액의 독립 공채를 사, 그 자금을 제공했다. 멕시코 한인들도 '독립 공채'를 구입하여 독립 운동 자금을 제공했다.

2_ 멕시코 한인들의 노력

동양인 이민자는 멕시코 원주민인 인디오보다 온순하게 열심히 일을 했기 때문에 농장주들에게는 평판이 좋았으나, 원주민에게는 적대시 되었다. 중국인이나 일본인에 비해 소수였던 한인 이민자들도 예외는 아니었다. 그러한 상황 속에서 1910년에 멕시코 혁명이 일어나, 지배 세력이 역전되고 동양인 이민자에 대한 적대 정책이 노골적으로 드러났다. 이에 대해 한인회 조직 등을 통해 결속과 부조를 강화하고, 사회적 압력에 저항하는 한편 새로운 이주지를 모색했다. 그 일례로 1921년 3월, 291명이 쿠바로 이주했다. 멕시코에 머문 한인들은 조국이 일본의 식민지로 전락했다는 보도에 접하고, 한인협회 메리다 지부에 병설되어 있던 군사 학교에서의 훈련을 강화하며 강렬한 민족의식 아래 조국 독립을 바라는 항일 데모를 벌이기도 했다. 현재 멕시코 이민자의 자손은 4,000세대나 되고, 1965년에 멕시코 한인회(회원 550명), 1970년에 치후아나 한인회(회원 45명), 1987년에 카다라하라 교민회(회원 80명) 등을 결성하여 한글학교를 개교하거나 회보를 발행하기도 했다.

3_ KBS TV 방영

2013년 12월 12일, '한국인의 밥상 – 해외 특집 멕시코 애니깽의 밥상'이라는 제목으로 서울의 KBS가 텔레비전에서 방영했다. 내용은 다음과 같다.

1905년 1,033명의 조선인들은 새로운 희망을 품고 멕시코로 출발했다. 그런데 현실은 악마의 발톱보다 맹독성인 애니깽의 잎을 잘라내는 가혹한 중노동이었다. 그리고 108년의 단절된 역사를 지나 후손들의 얼굴도, 말도, 완전히 다른 멕시코인화 되어 있었다.
그럼에도 그들은 조국을 잊지 않고 있다. 밥, 김치, 고추장 이라고 하는 단어를 기억하고 있고, 4세, 5세까지도 싫증내지 않고, 한국음식을 먹고 있었다. 애니깽과 그 후손들에게는, 밥이 조국이며, 김치가 뿌리였다.

상기와 같이 KBS TV는 멕시코 이민에 대하여 간략하게 그리고 알기 쉽게 해설했다.

문헌〉

1) 몬테왕 언니, 「메리다의 한인(1), (2)」, 2014.5.31.
2) 정경수, 『세계의 한민족』(한글), 통일원, 2005. '제7장 라틴 아메리카 제국의 한인'

(2017.4.3)

7. 안창호—독립 운동가

안창호(도산 1878.11.9~1938.3.10)는, 조선의 사상가, 평화주의자로, 일본의 식민지 지배로부터 해방을 목표로 하는 활동을 한 조선 독립운동가이다. 미국을 시작으로, 멕시코에 건너가 이민 사회의 계몽에 힘썼다.

1_ 경력

조선 평안남도 강서에서 1878년에 태어나 19세 때, 개화파 서재필 주도의 독립협회에 가입, 21세 때 점진 학교를 설립해 민중에게 신학을 배우는 길을 열었다. 24세 때 미국으로 건너가, 독립운동을 지원할 목적으로 교민 사회의 교화 운동에 적극적으로 몰두한다.

1905년에 이갑성, 신재호 등과 함께 비밀 결사인 신민회를 조직하여 『대한매일신보』를 기관지로 발행하고, 대중 운동을 전개했다. 한국 내에서 두 번에 걸쳐 일본 경찰에 의해 투옥 되었고, 결국 도산은 조국 독립을 보지 못한 채, 1938년 3월 10일, 서울의 병원에서 세상을 떠났다. 향년 60세.

2_ 생애 및 활동

미국인 목사 호레이스 그랜트 언더우드의 구세학당에서 배움. 기독교도. 당시 이 미국인 목사는 연희전문학원 교장이며, 초대 언더우드는 세브란스 의료원의 창립자이다. 양팔을 크게 벌리고 있는 그의 입상이 연세 대학교 교내에 세워져 있다.

현재 한국에서는 안 의사를 '한민족 독립의 아버지'로서 현창되고 있다. 호는 '도산'이며, 서울에 도산공원과 도산 안창호 기념관이 만들어져 있다. 대한제국에서 애국 계몽 운동에 종사한 후 도미했으나, 1905년에 조일 보호 조약이 체결된 것을 알고 귀국했다. 그 후 신민회를 조직하여 대중 운동을 실시하면서, 평양에 대성 학교를 설립하는 등 각지에 학교를 만들어 민족 교육에 종사했다. 중국을 경유로 다시 미국으로 망

멕시코 메리다의 지도자들(1918)
(앞줄 좌측 안창호)

명하여, 흥사단을 조직했다. 1919년에는 망명 조선인에 의해 중화민국 상하이에서 설립된 대한민국 임시 정부에 참가하여 내무총장을 맡고 조선 독립 운동을 실시한다. 그러나 지역 파벌과 당파의 분쟁이 끊이지 않아, 기호(경기도와 충청도) 출신도 양반도 아니었기 때문에, 임시 정부 내의 주류는 되지 못하고, 그의 의견에 귀를 기울이는 자가 거의 없어, 1921년에 내무총장을 사임했다.

안창호 의사의 부인은 그 당시, 미국에 살고 있어 안창호가 독립 운동에 대부분의 돈을 소비했기 때문에, 몹시 어려운 생활에 처했음에도, 남편을 계속해서 강하게 지지했다고 한다. 미국 캘리포니아주에는 안창호 의사의 동상이 세워져 있다.

그 다음은 만주로 건너가, 독립 운동의 근거지로서의 이상마을을 계획했으나, 1931년에 만주사변이 발발함에 따라 좌절되었다. 게다가 상하이사변으로 중일 간 군사 충돌이 벌어지고 있던 1932년 4월 29일에, 상하이의 홍구 공원에서 윤봉길이

일으킨 상하이 천황 탄생일 폭탄 사건에 관여했다고 하는 혐의로 일본군에 체포되었다. 조선으로 연행된 후 징역 4년의 실형이 선고되어 복역하다 1935년에 가석방이 되어 은거했다. 그러나 1937년 6월에 발생한 수양 동우회 사건으로 다시 체포되어 수감 중에 병상이 악화되어 석방되었으나 간 경변으로 경성 제국대학 부속 병원에서 사망했다. 주목해야 할 것은, 다른 독립운동가와 달리 테러에 의한 무력행사 등에는 일관되게 반대한 것이었다. '자아 혁신 · 민족 혁신'이라고 하는 표어를 내 건데다, '당신이 나라를 사랑하고 있다면, 언제 당신은 건전한 인격자가 될 것인가. 저희들 중에 인물이 없는 것은, 인물이 되려고 결심하여 노력하는 사람이 없기 때문이다. 인물이 없다고 개탄하는 그 사람 자신이, 왜 인물이 되려고 공부 · 수양 하지 않는 것인가'고 하는 주장 아래, 조선인 자신이 근대국가로서의 힘을 기른 다음, 민족의 실력으로 일본으로부터의 독립을 차지해야 한다는 입장을 계속 취한 것이다. 그 때문에 그는,

1. 남녀공학 사립학교 '점진 학교' 등 3교의 근대적 제도를 도입한 세 학교를 설립.
2. 청년단체 '청년 학우회'와 수양단체 '흥사단'을 설립.
3. 근대적 제도를 도입한 주식회사를 설립하여, 출판 등의 산업진흥을 시도.
4. '신민회'를 결성하여, 김구, 여운형 등 미래 한국을 이끌어야 할 리더의 육성에 노력.
5. 미국 러시아에 한국인 제휴 단체를 설립하여, 생활개선 운동을 추진.

이상과 같은 운동을 벌였다. 이와 같이, 자국의 힘이 부족함을 슬퍼하고, 단순한 형태만으로의 독립 달성이 아니고, 지금까지 한국에는 존재하지 않았던 근대화의 개념을 계속 도입하고, 다른 나라에 뒤떨어지지 않는 근대국가로 다시 태어날 것을 계속 요구했다. 또, '왜놈(일본놈)'이라는 말을 생애 한 번도 내뱉지 않고, '일본사람 (일본인)'이라고 하는 말을 이용해 타도의 대상인 일본에까지 예의를 표한 고매한 인격의 소유자로도 알려져, 현재에 이르기까지 한일 양국의 역사가 사이에서도 높

은 평가를 받고 있다.

3_ 멕시코에서의 이민자 계몽 운동

미주 지역의 독립 운동 단체가 이 지역에도 관심을 가지게 된다. 1917년, '대한인
국민회' 총회장인 도산 안창호 선생이 일 년 넘도록, 멕시코 메리다에 체류하여, 한
인 사회의 통합을 주도했다. 도산은 그들을 지도하여, 각종 나쁜 습관을 금지하는
운동을 실시하고, 한인 회관의 건설, 국어학교의 설립, 경찰 조직, 실업 회사 설립
등의 운동을 활발하게 전개시켰다. 지금도, 멕시코 메리다에서 활약했던 독립 운동
에 관련한 귀중한 사진이 많이 남아 있다.

4_ 애틀랜타 '세계 민권의 전당' 입성

일본 통치 시대의 독립 운동가, 도산 안창호는, 아시아에서는 처음으로 미국애틀
랜타의 '세계 민권 명예의 전당'에 입성했다.

'세계 민권 명예의 전당'은, 미국 조지아주 애틀랜타에서 '마틴 루터 킹 센터'를 운
영하는 트럼펫아워즈 재단이, 세계 각지에서 자유와 평등의 실현을 위해 선두에 선
인물을 기념하는 취지로, 1994년에 개설되었다. 지금까지 카터 전 미국 대통령이나
흑인 인권 운동가 로저 파크스, 잭슨 목사 등의 이름이 걸려있다.

트럼펫아워즈 재단은, 한국의 안창호 씨는 평화를 사랑하여, 한국의 마틴 루터 킹
목사에 해당하는 인물로, 절망에 빠져 있던 한국인에게 희망의 등불을 켰다고 평가
하여, 애틀랜타의 마틴 루터 킹 센터 안에 안창호의 발자국을 새긴 편액을 걸어놓았다.

안창호는, 일본의 압정 아래, 미국에서 배워 평양 등에 학교를 설립하고, 상하이
임시 정부에도 참가하여 한국 독립 운동을 진행시켰으나, 계속해서, 테러에 반대하는
자세를 취했다. '한민족 독립의 아버지'로서 현창되고 있고 상술한 대로 호 '도산(島

山)'을 채택한 도산공원과 도산 안창호 기념관이 서울 강남에 있다. 안창호 선생은 역사에 남는, 존경해 마지않는 애국자라고 말할 수 있다.

문헌〉

1) 「안창호」, Wikipedia, 2015.
2) 한국 이민사 박물관(인천), 전시 사진 등, 2015.8.14.

(2017.4.18)

8. 한국 이민사 박물관을 방문하여

2015년 8월, 나는 인천광역시에 있는 한국 이민사 박물관을 방문했다. 안내 데스크에서 내 저서 '중국, 중앙아시아, 극동 러시아에의 기행'을 전하니, 여성 직원과 남성 학예원에게 환영을 받았고, 그들은 관내의 전시실을 정중하게 안내해 주었다.

1_ 박물관 소개

한국 이민의 역사를 후세에 전하려고, 2003년의 미국 이민 100주년을 기념하여 2008년, 월미공원 부지 내에 개관했다. 한국 조상들의 해외에서 개척자로서의 생애를 기리어 그 발자국을 자손들에게 전하기 위해 인천 시민과 교포 모두가 뜻을 모아 건설한 이 나라 최초의 이민사 박물관이다. 1900년대 초반, 한국 첫 공식 이민선이 인천항을 출발, 사람들이 다른 나라 땅에 정착해 간 과정을 입체 모형으로 재현. 당시의 생활 용품의 전시나 사람들의 증언 기록 등을 통해, 해외 이민의 모습을 알수 있다.

1900년대 초부터 약 100년 간 한국에서 세계 각국으로 이주해 간 사람들의 역사를 테마로 한 이민사 박물관이다. 하와이나 미국 대륙으로의 이민을 중심으로, 생활이나 일터 모습의 입체 모형이나 그곳에서 사용한 도구의 실물이나 복제물을 전시. 어려웠던 농사일이나, 허술했던 생활환경, 그리고 고생 뒤의 성공사례 등을 전하고 있다. 일본을 경유한 배에 의한 해외 도항의 모습도 소개되어 일본인을 시작으로 한 외국인이나 재일 동포에게도 흥미를 느낄 수 있는 내용이 되어 있다.

〈한반도로 부터의 이민〉

1800년대 말에 흉작과 일본의 압력으로 중국이나 러시아의 극동으로 이주하는 사람이 증가했다. 약 120명이 탄 첫 공식 이민선이 1902년에 하와이를 향해 출발했다. 그 후, 중남미로의 이민선이 계속 떠나, 현지에서 밭 개간 등에 종사했다. 일본 식민지 시대에는 일본이나 중앙아시아 등에도 노동자들이 건너갔다. 한국 전쟁 후는 미국이나 남미, 독일 등 유럽이 이민지가 되어, 다양한 일에 종사했다. 2000년대 초에 해외에서 사는 한국계는 약 700만 명에 이른다고 여겨진다.

인천에서 일본을 경유하여 하와이의 농장에

3층 건물 가운데, 1, 2층을 사용해 전시하였다. 일본어도 안내되는 음성 가이드 단말기를 무료로 빌릴 수 있다. 안내 데스크 앞에는 하와이로부터 보내진, 어미를 잃은 바다표범의 박제가, 모국에서 멀어진 이민자의 처지의 상징으로 전시되어 있다.

[제1전시실]

한국의 첫 공식 이민단을 실은 배가, 1902년 12월에, 개항한지 얼마 되지 않은 인천항을 출발하는 상황부터 소개된다. 인천항의 사진과 입체 모형, 당시 여권에 해당되는 신분증(복제품) 을 전시하고, 이민을 피할 수 없게 된 경제 상황이나 도항 당시의 모습도 되돌아보고 있다. 신분증은 당시 대한제국이 발행하여, 당초는 한문이었지만, 1904년에는 영문도 병기한 뒤 태극기도 기재되어 있다.

이민단이 인천에서 탄 배는 일본의 '겐카이호'로, 이틀 후에 나가사키에 도착했다. 거기서 일행은 미국 기선 '게이릭크호'로 갈아타고 20일에 걸쳐 호놀룰루에 도착했다. 다만 나가사키에서 신체검사로 약 20명이 하선 당해 최종 도항자는 102명이었다. 전시 중에는 실물 크기의 사진과 배에서 사용했던 가방, 양산의 모형도 있다. 덧붙여서 당시의 하와이는 아메리카 합중국에 병합된 지 얼마 되지 않은 무렵이었다.

[제2전시실]

하와이 사탕수수농장에서 개척에 종사한 이민자의 생활을 소개하는 전시실이다. 농업 종사자에게 나누어진 주택의 뜰에서 풀꽃 대신에 한국 채소를 기르는 모습이나 하와이 한국인 학교 교실의 입체모형, 같은 학교에서 사용되었던 교과서나 책상, 일본 식민지 시대에 일본 제국이 발행한 신분증(여권)이 있다.

일본인의 농업 노동자를 모방하여 한국인도 가지고 있던 일본어 번호 'Bango' 지폐도 전시되어 있다. 이민 간 남성의 사진만을 가지고 혼담을 결정 한 이민자 여성들. 상대와의 연령차이나 어려운 노동 조건에 충격을 받고 고생한 '사진신부'의 이야기도 소개되어 있다. 또 당시 하와이 한국인 노동자는 먼저 이민 간 일본인보다 임금이 쌌는데, 그중 일부는 한국의 독립 운동에 기부했다고 한다.

2_ 가혹했던 중남미의 노동, 그리고 정착

[제3전시실]

쿠바나 파라과이 등 중남미의 이민 생활에 관한 생활 용품이나 농기구 등을 전시하고, 하와이 이상으로 가혹했다고 말해지는 노동 환경 등을 소개한다. 이민 가족이나 허물한 집, 위문을 위해 방문했다고 여겨지는 조선 왕족의 사진도 전시되어 있다. 멕시코에서는 개척자에게 4년간의 채무를 부과하고 농노와 같이 취급하던 아시엔다라고 불리는 제도가 있었던 것이나, 대형 식물의 수확에 고생했던 것이 설명되어 있다. 한국의 독립 지원을 위해서 미국이 1944년에 발행한 태극기가 그려진 우표도 전시되어 이민사회 내에 반일 의식이 높았던 것을 전하고 있다. 이민 생활의 정보 주간지의 전시 등에서 이민 사회의 모습도 소개. 전시실 사이 통로의 벽에는, 이민 초기부터 1905년까지 합계 64회에 걸쳐 한국으로부터 하와이로 건너간 7,400여 명의 명단이 새겨져있다.

[제4전시실]

각종 해외 이민 기념사업이나 문화 활동, 이민 성공자 연고의 물건 등을 전시한다. 하와이 이민 90주년을 기념해 인천시가 만든 부채나, 한국계 하와이주 대법원장이 사용한 나무 재판봉이 전시되어 있다. 또 이민지 국가의 인구나 언어의 소개 패널이나 그 나라 한국계 이민자들의 생활을 전하는 화면도 있다. 또 외국의 한국인이나 한국의 외국인에 대한 이민자의 법률 조문집의 패널도 전시되어 있다. 출구 앞에는 이민이 번성했던 일본 식민지 시대의 우체통을 설치했다. 최초의 이민선이나 인천항, 박물관을 찍은 그림엽서가 옆에 놓여 있고, 해외의 한국계이민자에게 메시지를 써서 넣을 수 있는 구조로 되어 있다.

3_ 국제화 가운데 재검토되는 이민 역사

미국 이민 100주년을 2003년에 맞이한 것을 계기로 기획되어 있고, 해외의 한국인

한국이민사박물관

의 협력도 있어, 2008년에 개관한 이민사 박물관이다. 이민의 슬픔과 기쁨이 숨쉬는, 현재와 미래가 공존하는 장소를 목표로 하고 있다. 또 그 체계화도 목적으로, 앞으로는 러시아나 중국으로의 이민에 대한 전시도 구상하고 있다고 한다. 해외여행을 포함하여 국제화가 진행되어, 더욱 더 국경이 없어지는 현대사회이다. 자신과 자손의 장래를 걸고 해외로 건너가 곤란과 싸운 사람들의 역사가, 재차 주목받아야 할 시기가 되었다고 말할 수 있다.

(2017.4.8)

제3장

라틴 아메리카
여러 나라 이민사

1. 쿠바, 브라질 외

1962년 한국에서 공포된 해외 이주법에 따라 중남미로의 이민이 본격화되어, 1965년 브라질에 722명, 아르헨티나에 169명, 파라과이에 1,223명의 한인이 각각 이주하였고, 이후 에도 이들 3국에 한인 이민이 집중되어, 이민자의 89%가 정주하게 되었다.

1_ 중남미 여러 나라 사회

중남미 지역은 북쪽으로 멕시코, 남쪽으로 아르헨티나와 칠레에 이르는 지역으로, 카리브해의 서인도제도도 포함한다. 16세기 유럽 식민지 시대, 중남미 지역은 라틴민족 국가(주로 스페인과 포르투갈)의 지배를 받게 되어, 지금도 그 전통이 사회적, 문화적인 면에서 여기저기 남아 있기 때문에 라틴 아메리카라고도 칭해진다. 공용어는 스페인어가 주를 이르며, 그 이외에 브라질은 포르투갈어, 아이티, 발바도스는 프랑스어, 트리니다드 토바고는 영어를 사용한다.

라틴 아메리카에는 토착민인 인디언 종족, 식민지 시대에 이주한 스페인인, 포르투갈인을 중심으로 한 유럽 백인 민족, 식민지 시대에 노예로 팔려온 아프리카 흑인, 그리고 원주민과 백인의 혼혈 메스티소, 백인과 흑인 사이의 혼혈아 물라토, 원주민과 흑인의 혼혈인 삼보, 거기에 1860년 즈음부터 제1차 세계대전(1914년) 때까지 이민으로 이주한 이탈리아, 독일, 일본, 중국계 등, 다종다양한 인종과 민족이 공존하게 되었다.

라틴 아메리카 토착 원주민은, 그 선조가 시베리아에서부터, 베이링 해협을 통하여 남하했다고 여겼고, 남미 지역에 산재 하여 독자적인 원주민 문명을 형성했다. 열대 우림이나 초원에서는 원시 농경이나 수렵·채집이 그대로 계속되었으나, 고원지대 에서는 옥수수 재배를 주로 하는 농업이 이루어졌고, 마야 문명, 아즈텍 문명, 안데스 문명, 잉카 문명 등 고도의 문명사회가 개화했다. 그런데, 16세기 중엽 아메리카 대륙이 콜럼버스 등의 유럽인에게 발견됨에 따라 정세는 일변했다. 남미 지역을 가장 먼저 식민지로 삼은 나라는 스페인이었고, 콜테스나 피사로 등의 정복자는 토착 원주민 문명을 철저하게 파괴하고, 금은 등 그들의 모든 재산을 전부 탈취함과 동시에, 가톨릭으로 개종을 시켰다. 뿐만 아니라 아프리카로부터의 흑인 노예를 끌고 와, 사탕수수 대농장에서의 일등 가혹한 노동에 투입했다. 식민지에서의 농업은 플랜테이션이라 불리는 단일 작물의 대규모 농업으로, 선주민이나 흑인 노예 등의 싼 노동력을 투입하여 면화, 설탕, 고무, 커피 등을 재배했다. 한편, 포르투갈은 브라질로 이주하여, 사탕수수 농장 등을 경영하였고, 18세기에는 미나스 지역에서 금과 다이아몬드 등을 채굴하여 번영했다.

라틴 아메리카의 문화는, 토착 원주민 문화, 식민지배자 이베리아 문화, 이입 노예의 아프리카 문화 등 3개의 큰 줄기로 나누어지며, 그 중 첫 번째로 성격이 강한 지역을 인도아메리카, 두 번째의 지역을 유로아메리카, 세 번째의 지역을 아프로아메리카로 구분할 수 있다. 토착 원주민 문화는 아즈텍, 잉카 등의 고대 문명이 발달한 멕시코 고원과 안데스 산지에 많이 남아있고, 옥수수나 감자를 주식으로 하여, 판초를 걸치고, 벽돌과 짚으로 만든 집에서 주로 생활한다. 유럽 백인의 이베리아 문화는 아르헨티나나 우루과이에서 강하게 나타나고 있고, 아프리카 흑인 문화는 플랜테이션 농장이 많았던 카리브해 주변이나 브라질 연안 지역에 많이 남아 있다.

19세기에 들어가면, 라틴 아메리카 여러 나라는 독립전쟁의 불씨에 놓여진다. 그 주체 세력은 크리오요(식민지 출생의 백인), 메스티소 관료, 그리고 현지의 식민지 지배 계층이었다. 라틴 아메리카 최초의 독립국가는 1804년에 프랑스로부터 독립한 아이티로, 그 뒤, 아르헨티나(1816년), 칠레(1818년), 대콜롬비아(1819년), 멕시코

(1821년), 페루(1821년), 브라질(1822년) 등이 줄줄이 독립했다. 또한 콜롬비아는 1830년에 에콰도르, 대콜롬비아, 베네수엘라로 분리 독립했다.

그러나 독립 후에도 대부분의 나라에서는 군인들의 쿠데타가 반복되어 정치 불안이 끊임없었고, 경제적으로도 성장이 멈추었다. 1910년에 멕시코에서는 지주·자본가 계급에 대한 농민 혁명이 발발하여, 라틴 아메리카 전체에 영향을 미치게 되었다. 1930년대부터 중간계급이나 노동자, 농민 세력을 기반으로 하는 민족주의가 대두하여, 플랜테이션 농업으로부터의 탈피가 요구되었고 공업화 자립 체제로의 추진을 요구 받았다. 1959년의 쿠바 혁명으로 플랜테이션 농장이 일소되었으나, 다른 라틴 아메리카 여러 나라에는 지금도 플랜테이션 농장의 잔재가 많이 남아 있다.

1962년 한국에서 공포된 해외 이주법에 따라 중남미로의 이민이 본격화 되었는데, 당시, 브라질, 아르헨티나, 파라과이 간 출입국 비자가 면제되어 한 나라의 영주권으로 다른 두 나라의 입국이 허가되는 외교적 관행이 있었기 때문에, 파라과이 영주권을 가진 사람이 브라질의 상파울로나 아르헨티나의 부에노스아이레스로 이주하는 것은 그렇게 어렵지 않은 실정에서, 파라과이로의 이민은, 브라질과 아르헨티나로의 이주를 위한 경유지라는 성격이 강해졌다. 볼리비아도 이러한 관행이 통용되어, 파라과이와 같은 상황이었다.

1980년대부터 대부분의 중남미 국가는 민주화를 추진하는 민선 정부가 탄생하여 새로운 방향의 경제발전과 사회 개혁을 모색하고 있다. 경제면에서도 종래의 외채위기와 고 인플레이션을 넘는 노력을 기울이고 있다. 이러한 노력 아래 1990년대 이후는, 중남미 전체가 연평균 3%대의 경제 성장률을 유지하며, 세계경제의 블록화 추세에 대응하여, 중미 공동시장, 카리브 공동시장, 안데스 공동시장, 남미공동 시장 등의 지역경제 블록화를 가속시키고 있다.

1995년 현재, 중남미 전 지역에는 9만여 명의 한인이 거주한다. 그 중 현지에 정주하는 동포 수는 84,963명, 일시 체류자가 5,071명이다. 국가별로 보면, 브라질이 38,131명으로 가장 많고, 다음이 아르헨티나의 32,387명, 파라과이 9,231명, 칠레 1,346

명, 페루 1,077명의 순서로, 멕시코, 에콰도르, 볼리비아에는 600명 이상이 거주한다. 또 과테말라는 50명의 정주자와1,840명의 체류자가 생활한다. 덧붙여서 150만 명이라고 하는 일본계 브라질 이민과 비교하면, 한인 이민 수는 지극히 적다.

2_ 멕시코에서 쿠바로, 일부는 안데스의 두메 산골로

하와이 이민과 더불어 잊어서는 안 되는 것이 멕시코 이민이다. 남자 802명, 여자 231명, 총 1,033명(도중 선상에서 2명 사망)의 그들이 1905년 3월 제물포(인천항)를 출발하여, 1개월의 항해 후에 대서양측의 멕시코만에서 튀어나와 있는 유카탄 반도에 도착했다. 이것은 중남미 여러 나라의 최초의 이민이었다. 유카탄 반도 메리다 지방의 아시엔다라고 칭해지는 대규모 농장 24개소에 배정되었는데, 계약 조건은 모두 허위로, 중개인들의 계약서는 날조된 것이었다. 4년의 노동 계약이 끝나면 법적으로 자유로운 몸이 되어, 부채가 남지 않는 사람들은 보다 좋은 새로운 토지를 요구하여 떠났으나, 많은 이들이 아시엔다에 그대로 고용되었다. 동양인 이민자들은 멕시코 원주민보다 온순하였고, 또 열심히 일을 했기 때문에, 농장주들에게는 평판이 좋았으나, 원주민들에는 적대시되었다. 중국인이나 일본인에 비해 소수였던 한인 이민도 예외는 아니었다. 그러한 상황 속에서 1910년에 멕시코 혁명이 일어나, 지배 세력이 역전되고, 동양인 이민에 대한 적대정책이 노골적으로 출현했다. 이에 대하여, 한인회 조직 등을 통해서 결속과 부조를 강화하고, 사회적 압력에 저항하는 한편, 새로운 이주처를 모색했다. 그러한 일례로서 1921년 3월, 291명이 쿠바로 이주했다.

쿠바 이외에, 멕시코 각지를 유랑하며, 일부는 파나마를 거쳐 남미로 들어가는 경우도 있었다. 파나마나 페루 등에서는 자신을 한국계라고 진술하는 사람도 있어 아르헨티나 서북부에는 "코레아노"라고 칭하는 사람이 출몰하기도 했다고 한다. 1920~30년, 브라질의 대농장과 페루, 칠레, 볼리비아의 광산이 노동력을 무제한하게 요구하고 있었으나, 브라질까지 도달하기에는 무리가 있었다. 전방에는 통행 불능의 아마존 밀림 지대가 가로놓여 있었기 때문이다. 지형 상, 그들은 볼리비아의 광산 지대에 노동자로 들어가 정착했으나, 볼리비아와 파라과이 간의 차코 전쟁(1932~35년)의 전화를 피해 일부는 볼리비아 국경을 넘어 아르헨티나 서북부로 이동했다고 여겨진다. 그들은 조국의 언어와 문화를 잊은 채로 원주민에 동화되면서, 지금의 3, 4세대가 되어 있다.

3_ 쿠바의 노동쟁의나 자연재해의 여파로 인한 극도의 생활난

1921년 3월, 멕시코에서 쿠바로 이주한 291명의 한인 이민은 각지의 사탕수수 농장에 산재하여 일했으나, 그 해에 설탕 가격이 20%나 급락하여, 이주자의 생활은 멕시코에서의 생활보다 훨씬 더 궁핍하게 되는 불행이 덮쳤다. 다음 해에는 회복되어, 미국에 거주 중이던 안창호가 회장으로 근무하는 대한 국민회의 쿠바 지부를 결성하고, 조국 독립 지원금을 해외 독립 운동 단체에 보내거나 우리말 교육을 하는 등의 일에 진력했다.

1933년에 민족주의적인 혁명정부가 탄생하여, 자국 노동자의 취업을 우선시 하면서 외국인 노동자를 배척하는 정책을 취했다. 이에 수반되어 한인의 상당수는 국적을 변경했지만, 주기적으로 생기는 노동쟁의나 자연재해의 여파로 극도의 생활난을 경험했다. 이러한 생활난에도 불구하고 1950년대 초에는 약 400명의 한인이, 아바나, 마탄사스, 카르테나스 등에 살면서, 농장 노동자뿐만 아니라, 소규모 상점, 음식점, 잡화점, 혹은 공장을 경영하게 되었다.

4_ 브라질 농업 이민인데도, 황무지에서 농사를 지을 수 없어

1962년 2월, 해외 이주법이 공포되어 민간 차원에서 추진되고 있던 브라질 이민이 본격화되었다. 같은 해 12월, 17세대 92명의 제1차 농업 이민이 대대적인 환송을 받고 부산으로부터 55일 간의 선박여정을 통해 브라질 산토스항에 도착했다. 이주자들은 농지를 사서 정착하고, 농업에 힘쓸 예정이었으나, 입주 예정이었던 미라카도 농장(상파울로시 교외)은 농지로서 잘 정비되어 있지 않았고, 그로 인해 이민 중개자는 사기를 저질렀다고 지탄을 받았다. 그렇게 해서 서둘러, 새로운 농지를 찾게 되었으나, 브라질 정부의 대응도 우왕좌왕 할 뿐이었다. 이러한 일을 계기로 삼아 브라질 정부는, 한국 정부에 대하여는 이민을 받아들이지 않겠다고 표명했으나, 그 후의 가족 초청 등에 의한 개인적인 이민에 대해서는 너그러웠다.

1964년에는 68세대 약 300명의 제2차 농업 이민자가 빅토리아시 폰테 림파 농장에 입주하기 위해 도착했다. 그러나 이 농장도 농사일을 할 수 있는 환경이 아니었고, 뿐만 아니라 독사나 독거미가 우글우글 하는 황무지였다. 이주자는 농장 입주를 단념하고 리우데자네이루로 흩어졌고, 또한 중립국 포로로서 이미 이주해 있던 백씨의 안내로 상파울로에 거주하게 되었다.

1965년 후반에는 46세대의 제3차 농업 이민이, 서독계 농지 식민 개발 회사 카우사의 국유지 불하 미개간지에 입주하는 형태로 나타났다. 그 토지도 농업이 불가능한 황무지로, 이주자는 도시로 흩어졌다.

이러한 일이 겹치면서 단체 이민에는 까다로운 심사가 부과되게 되었고, 그로 인해 이민 중개자들은 단체 이민을 단념하고 볼리비아의 개인 초청장에 의한 이민을 생각해냈다. 이것은 파라과이와 같이 볼리비아도, 브라질, 페루, 칠레, 아르헨티나의 4개국에 둘러싸여 바다에 접하지 않고, 브라질 등을 경유하지 않으면 입국할 수 없는 사정에서 고안된 것으로, 브라질 경유의 비자를 받아 브라질에 입국한 후 법적 요건을 구비하여 브라질의 영주권을 취득한다고 하는 방법이었다. 이 방법은 볼리비아 정부 관계자도 승낙했다고 여겨져, 1964년에는 302명, 다음 해에는 282명이 이민을 했고, 이것은 브라질 이민사상 제4차 집단 이민으로 분류되고 있다.

브라질은 전통적 가톨릭 국가로서, 이민 희망의 가톨릭 신도는 교단을 통해 집단 이민을 했다. 국제 가톨릭 이민협회가 중개자가 되어, 실현된 것이 제5차 이민이다. 53세대 313명이 1966년 4월에 브라질에 도착하여, 파라나주의 성모 마리아 농장을 건설했다. 제2차 13세대 104명이 같은 해 6월에 파라나주 폰타크로사 지역에 도착했다.

브라질의 한인 사회에 있어서도, 기독교회가 한 역할은 컸다고 말할 수 있다.

문헌〉

1) 정경수, 『세계의 한민족－중남미』(세계의 한민족 6), 통일원, 2005.

(2017.3.21)

2. 아르헨티나, 파라과이, 브라질, 칠레

1963년부터 시작된 라틴 아메리카 각국으로의 이민은 110년 전에 실시된 멕시코 이민의 실정과 같이 어려운 상황이었다. 여기에 브라질 이민사를 다시 추가했다.

1_ 아르헨티나로의 농업 이민

아르헨티나는 1960년대까지 경제적으로는 남미에서 최고 수준이었으며, 백인 우선의 이민 정책을 고수하고 있었다. 최초로 한인의 아르헨티나 이민의 길을 연 것은 세계 기독교 봉사회였고, 한국 지부로부터 아르헨티나 지부가 이민을 받아들이는 형태였다. 아르헨티나 정부와의 교섭은 난항을 겪었지만, 1965년 10월에 농업 이민 13세대 78명이 처음으로 아르헨티나의 부에노스아이레스 항에 도착했다.

그런데, 아르헨티나에는 벌써 약 100세대의 이민이 생활하고 있었다. 그들 대부분은 파라과이와 볼리비아를 경유한 초청 이민의 밀입국자였다. 아르헨티나의 수도 부에노스아이레스로부터 파라과이의 수도 아스시온에 가려면, La Plata 강을 거슬러 올라가지 않으면 안 되었고, 볼리비아는 한층 더 그 안쪽이었다. 파라과이나 볼리비아로의 한인 이민을 실은 배는 1개월마다 부에노스아이레스 항에 도착했고, 그 중에는, 직접 아르헨티나로 들어가는 사람도 있었지만, 일단 목적지인 파라과이나 볼리비아까지 가서, 그 후에 다시 월경하여 아르헨티나로 들어가는 경우도 있었다. 그러한 재이주가 성행한 1968~69년경에는 재이주민의 수가 정규 이민의 세배에 이르렀다. 이러한 불법 체류자에 대해, 아르헨티나 정부는 1985년 9월, 같은 해 8월 8일 이전에 입국한 사람에 대한 사면령을 발표하였고, 따라서, 이후의 사면령을 기대하여, 아르헨티나로의 재이주를 원하는 자들이 한층 더 급증했다.

여하튼 아르헨티나에 도착한 이민 13세대는, 부에노스아이레스에서 1,100킬로미터 남쪽의 라마루케 농장에 입주하기 위해 대기했으나, 숙소가 준비되어 있지 않아, 중립국 포로 이민자의 김 씨의 도움을 받아 호텔에 투숙하는 등이 상황이었다. 기차와 트럭으로 목적지의 농장에 도착한 이민단을 기다리고 있던 것은 농지라고는 도저히 말할 수 없는 황무지였다. 주거용 천막은, 그 지방 특유의 강풍으로 날아가 버렸고, 근처 원주민의 도움을 빌려 겨우 흙벽돌의 집을 세웠다. 400헥타르라고 하는 광대한 황무지를 나누어 받았으나, 가져온 곡괭이나 삽으로 개간하는 것은 무모한 일일 수밖에 없었다. 목숨을 유지하기 위해, 농번기에는 다른 농장에 임금노동을 나갔지만, 결국, 1년 후에는 4세대 밖에 남지 않았다.

라마루케 농장에서의 어려움을 안 후속의 이민(8세대)은 농기구계를 준비하여 도착, 개간 작업에 몰두했다. 그들은 수로 확보나 철조망, 방풍림 조성에도 성공하여, 서서히 기반을 조성해 나갔으나, 그 이후, 농업 이민은 끊겼다. 1970년대에 재개되어 각지의 농장으로 흩어져, 꽃·과수·벼 재배, 양계, 목축 등의 영농에 몰두했다.

한편, 후속 이민자속에는 도시에서의 생활을 모색하는 사람도 있었고, 집세나 생활비가 싼 부에노스아이레스의 빈민가를 찾아다니며, 거기에 정착했다. 1970년대에 들어오면서 아르헨티나 이민의 80% 이상이 그러한 부에노스아이레스의 빈민가에 살면서, 의류 생산에 종사하게 되었다. 그 밖에 식품점, 구두 수선업, 세탁소 등도 한인의 주요한 생업이 되었다.

정부 간 교섭에 의해, 1985년 4월부터 투자 이민이라고 하는 새로운 이민 형태가 등장했다. 이민 희망자가 아르헨티나 중앙은행에 3만 달러를 예금하면, 무조건 아르헨티나로의 이주가 허가되는 것으로, 아르헨티나 내에서 직업의 제한도 없었고, 2년 후에 그 예금을 찾을 수도 있었다.

그 때문에, 아르헨티나에 공장을 지어 사원 가족을 이민시키는 기업이 잇따랐다. 자전거, 쇠고기 분말, 플라스틱 사출성형, 염색, 파이프 등등의 공장이 가세하여 광산 회사에 자본을 투자하여 400세대의 사원, 트롤 어선 2척, 냉동 가공 공장 1동, 주택 122동 등을 붙여 122세대의 어업 이민을 보내 준 기업도 있었다. 이러한 투자 이민은 1985년부터 88년까지 연평균 1,000세대 이상에 달했다.

아르헨티나의 한인 수는 1995년 현재, 3만~5만 5천 명으로 추산되며 그 80% 이상이 수도권에 거주하고 있다. 단체 수는 50여 개, 교회 수는 40개, 사원 수는 2개이며, 한국 정부 공인의 아르헨티나 한국학교에는 학생 14명, 교사 6명(본국 파견 교사 1명 포함)이 있고, 그 외에도 아르헨티나 한인이 자주적으로 운영하는 한글학교도 있는데, 4개 학교(부에노스아이레스, 코르트바, 멘드사, 투쿠먼) 학생 수는 총 470여 명이다. 또 신문사 2개(한국일보와 중앙일보), 상사 6개, 수산 회사 12개 등이 활동하고 있으며, 아르헨티나 동포와 떼려야 뗄 수 없는 관계이다.

2_ 파라과이를 떠나 아르헨티나와 브라질로 재이주

한국 정부의 교섭 끝에 1965년 4월, 파라과이로의 제1차 이민자 95명이 수도 아스시온에 도착, 이후도 계속해서 이주했다. 대부분은 브라질이나 아르헨티나로 재이주했지만, 본래의 목적대로 파라과이에 정착하여 영농을 시도한 사람도 있었다. 대부분이 양계업에 종사했고, 그 중 구씨는 개척자 중 한 사람이었다. 그는 형제·자매 5명이 서로 도와가며 2,000마리를 양계했다. 하지만, 자금이 바닥나 실패하고, 가족은 흩어졌다. 5년간, 수도 아스시온에서 장사하여, 돈을 저축한 구 씨는 또다시 7,000마리의 닭을 길러 재도전했으나, 이번에는 전염병으로 닭이 전부 죽어버렸다. 브라질에서 1년 간 식품점을 하고, 돈을 벌어 다시 세 번째의 도전을 했다. 1972년 6월의 일이었다. 이후, 사업은 순조롭게 발전하여, 10여 동의 닭장에 9만 마리 이상을 양계하고, 10여 명의 종업원을 고용하는 등, 파라과이 최대의 양계주로 성장했고, 그 외에 파인애플을 재배하는 농원도 경영하였다.

인구가 350만 명밖에 되지 않았던 파라과이는 사실상 시장이 좁고, 농산물 생산이 증가하면 금새 공급 과잉이 되어, 가격이 폭락하였다. 그 때문에 파라과이의 계란 소비량의 60% 이상을 차지하게 된 한인 양계 업자 17명은 1980년 이후에 조합을 결성해 이에 대처해 나갔다. 양계업 이외에는 목축에 몰두하는 사람도 있었다.

3_ 의류업 행상 – 브라질과 아르헨티나

멕시코와 쿠바의 계약 노동자들은, 가혹한 노동의 대가로 얻을 수 있는 얼마 안 되는 임금으로 생계를 꾸렸고, 일본 국적 조선인 이민자와 중립국 포로 이민자는 각자의 개인적 역량과 노력에 따라 일 할 곳을 구했다. 1960년대의 브라질과 아르헨티나로의 농업 이민은 영농을 지속할 수 있었던 사람이 적었고, 오히려 도시로 유입되고, 일본인 거주지 부근이나 빈민가 주변에서 잡화상이나 채소, 과일 노점상을 경영하고자 하는 자들이 새로운 생활을 바랐다.

그 중에는 한국에서 가져 간 의복 등을 행상하는 사람도 있었지만, 이 의복 행상이 기점이 되어, 브라질에서는 행상에서 상업적인 의류업 분야로, 아르헨티나에서는 삯일에서 생산적인 의류업 분야로 각각 확대되어, 브라질이나 아르헨티나에서 한인 이민자의 약 80%가 종사하는 생업이 되었다. 파라과이로부터 월경한 수만 명의 한인이 브라질과 아르헨티나에 정주할 수 있었던 것도 이러한 의류업의 발전과 밀접한 관계를 가지고 있다.

의복 행상이 시작된 당시, 브라질 일반 서민의 옷은 한국에서 가져 간 옷보다 질이 떨어졌고 행상이 가져가는 옷은 인기를 얻었다. 행상은 주부들의 일로써, 제일 큰 가방을 등에 메고, 양어깨에 각각 1개씩, 그리고 양손에 각각 1개씩, 합계 5개의 가방을 가지고 걸었다. 서민들의 집 앞에 서면 가방을 내려놓고, 손장단을 친다. 말이 통하지 않기 때문이다. 종잇조각에 포르트갈어의 숫자를 써 가격을 표시하고, 대금을 할인하거나 외상 판매하거나 아이들에게는 엿을 주며, 여러 차례 방문하여 고객을 확보하는 노력을 거듭했다. 한국에서 가져온 의복이 없어지면, 후속의 이민자에게 의복을 맡겼으나, 1968년부터 한인 이민의 입국이 제한되었기 때문에, 새로운 의복의 반입이 격감했다. 이를 계기로 아파트의 구석에 미싱을 2, 3대 두고 의복을 직접 만드는 작업이 시작되었다.

아르헨티나의 수도 부에노스아이레스에서는 한인 밀집 거주지의 빈민가로서 레티로거리, 비쟈소르탄티거리, 109가 등을 들 수 있고, 아르헨티나 최대의 한인거리인 109가는, 1968년경부터 편물의 삯일로 호황을 띠게 되어, 전성기에는 280세대가 살았다. 109가는 당초, 단지 내에서의 노점이 금지되어 다른 빈민가보다 어려운 상황에 놓였으나, 조 씨 성의 주부가 현지인의 요구에 응해 부업으로 편물을 짜기 시작함으로 큰 전환기가 찾아왔다. 서서히 그것이 발전하여, 의류업자를 상대로 삯일을 하게 되었고, 109가의 한인 주민도 그것을 모방하기 시작했다.

1980년대에 들어오면서, 브라질에서는 행상에서 탈피하여 의류 상가 점포에 진출했다. 당시, 의류 상가는 유태계와 아랍계가 장악하여, 브라질 사회의 중요한 부문에 깊게 진출하고 있었고, 일본인도 그 아성을 무너뜨릴 수 없었던 곳이었으나, 한인 이민은 그 틈을 파고들어, 시대의 변화도 다양하게 반영하여, 약 60%에 해당하는 2,000개의 한인 상점이 서로 북적거릴 정도로, 의류 상가를 장악하게 되었던 것이다. 그것을 계기로 한인의 의류업은 한층 더 가속하여 발전하게 되었다. 의류업에만 머무르지 않고, 모든 분야의 업종이 덩달아 발전했다.

30여 년의 역사를 가진 중남미의 한인 이민 사회는 2세대에 들어가고 있으나, 이민 1세대가 지금 여전히 건재하고, 한국 그 자체의 풍습이나 문화를 현저하게 지속하고 있다. 남미 각국은 다민족 공생 사회이기에, 민족 문화의 발로나 이문화의 공존에 아무런 저항도 없다. 브라질로 이민한 가족의 어린이는 브라질식으로 교육을 받아 완전한 브라질인으로 성장한다. 그렇게 하여, 가정 내에서는 1세의 한국 문화와 2세의 브라질 문화가 때로는 충돌하기도 한다.

4_ 한인 학교의 개설 -브라질

브라질에서는 1971년경부터 교회 주도의 한글학교가 잇달아 개설되어, 1983년에는 한백협회(백은 브라질의 뜻)에 의한 상파울루 한국학교가 개교하고, 1988년경에는 상파울루 지역에 15개 학교가 등록되었다. 교원 수는 114명, 학생 수는 1,536명(유치원 258, 초등학생 1,019, 중학생 167, 고등학생 70, 성인 22)으로, 모국 방문 연수도 자주 실시하게 되었다. 한글학교를 발전시키기 위해서 브라질 한인 교육 진흥 위원회가 진지하게 활동하고 있다. 브라질 이외의 남미 여러 나라에서도 동일한 과정으로 민족 교육이 전개되고 있다.

한인 부모의 교육열은 남미에서도 '일류병'이 되어, 경제적 여유가 있는 사람은, 공립교를 피해 명문사립교나 미국 학교에 보낸다. 또 자녀를 미국 학교에 보내는 것이 동포 사회 내의 스테이터스 심볼로서 그늘과 햇빛으로 작용한다고 한다. 일류 대학을 졸업한 자녀는 남미 각국의 여러 분야에서 우수한 인재로서 활약한다. 미국에 머무는 경우도 적지 않으나, 많은 경우, 학교에서의 전공과 인연이 없는 분야인 비즈니스에 힘쓰고 있다.

5_ 한인회의 결성-브라질과 아르헨티나

한인 거주 지구의 상파울루에는 브라질 한인회가 조직되어 있고, 그 밖에는 브라질리아, 리오데자네이루, 프로리아노포리스, 베리오존치 등에 한인회가 조직되어 있다. 상파울루 한인회는 1962년에 브라질 교민회로서 일본국적 조선인 이민자인 김 씨를 회장으로 발족했고, 파라과이나 볼리비아를 경유하여 입국해 온 한인 불법 체류자의 취급을 둘러싸고 '구파'와 '신파'로 양분되어 심각한 내부 대립을 일으켰다. 그 사건 속에 브라질 정부는 '한인 불법 체류자들은 그 입국 동기의 여하를 불문하고 법적 지위를 거부할 이유가 없고, 그들은 다방면에서 활동하며, 브라질의 경제

부흥에 힘쓰는 훌륭한 국민이다'라고 발표하여, 불법 체류자에게 영주권을 부여하는 것으로 정리됐다. 구파와 신파는 대립을 해소하는 노력을 거듭한 결과, 1977년에 교민회로부터 한인회로 명칭을 변경하여 크게 재출발하게 되었다.

브라질 한인회는 중요 사업으로 우선 법적지위 대책위원회를 구성하고, 영주권 신청자의 구제 활동과 영주권 소유자 브라질 국적 취득 캠페인을 전개하고, 두 번째는 청소년 선도위원회를 구성해, 자녀의 생활 지도와 한국어 교육을 적극적으로 추진한다. 세 번째는 동포 상가와 주택의 경비 강화, 네 번째는 브라질인 빈민 구제 사업, 다섯 번째는 의류업 분야의 세미나 등을 개최한다.

1966년에 아르헨티나 한인회가 설립되었다. 당시의 아르헨티나 한인 사회는 중립국 포로 이민, 제1차 영농 이민, 파라과이 · 볼리비아로부터의 재이주자로 삼분되어 있었고, 공용어인 스페인어를 유창하게 구사할 수 있는 중립국 포로 이민자인 김 씨가 회장으로 선출되었다.

그 후, 유명무실해졌으나, 1972년에 재건되어 74년에는 한인회관도 준공하고, 활동이 본격화됐다. 이후의 활동은 브라질 한인회와 거의 같다.

6_ 한인회의 결성-파라과이와 칠레

파라과이 한인회는 1966년에 설립되었으나, 오랫동안 유명무실했다. 파라과이는 브라질과 아르헨티나로 가기 위한 경유국으로밖에 인식되지 않았기 때문이다. 활동이 시작된 것은 한국 파라과이 상주 대사가 처음으로 부임한 1978 년 전후부터로, 영주권의 갱신 혹은 발급에 대한 청원 활동, 민족 교육의 추진, 파라과이 재해이재민 구제, 축구팀 지원 등의 활동을 전개하고 있다.

그 외에, 칠레의 한인회는 1979년에 약 60여 명이 모인 가운데 발족하여, 1995년 현재 동포 수는 1,300여 명에 이르렀다. 대부분의 동포가 한국제 의류, 액세서리, 가방 등을 수입하거나, 혹은 봉제업에 종사하고 있다. 한국 기업도 다수 진출해 있다.

한글학교는 당초 한인 교회가 중심이 되어 시작한 것으로, 그 중 어느 한인 교회는 병원을 설립·운영하고 있다. 이 외에도, 엘살바도르, 코스타리카, 파나마, 트리니다드 토바고, 자메이카 등의 나라에도 한인회가 설립되어 비록 적은 숫자지만 한인들이 연합하여 당당히 살아가고 있다.

　멕시코의 경우와 같이, 라틴 아메리카 각국의 한인 사회도 최근, 한국 정부에 의한 영사관의 설치 및 정부 원조에 의해, 어렵게 살아가는 이민자들에게 희망과 민족의식을 싹트게 하고 있다고 말할 수 있다.

문헌〉

 1) 정경수, 『세계의 한민족 – 중남미』(세계의 한민족 6), 통일원, 2005.

(2017.2.21)

— 제4장 —

미국, 캐나다, 오스트레일리아, 뉴질랜드 이민사

1. 미국의 한국계 이민

2010년 한국계 미국인은 약 170만 명으로 미국 총인구의 약 0.6%를 차지한다. 중국에 이어 미국은 재외 한국인이 두 번째로 많은 나라이다.

한국에서 미국으로의 이민 역사는, 조선시대 말기, 하와이 이주로부터 시작되었다. 사탕수수 농장에서의 가혹한 노동을 견디며, 임금의 일부를, 민족 해방과 조국 독립을 위해서 투자했다. 이러한 열정과 노력이 승화되어 오늘의 재미동포사회 건설의 주춧돌이 될 수 있었다. 미국으로 이주가 본격화된 1965년 이후 이주자 역시 열심히 일하였고, 그 근면성을 토대로 경제적 성공을 거둔 사람도 적지 않다. 또한 이들은 자녀 교육 역시 열성을 다하고 있다.

1_ 다인종 국가의 미국

미국은, 건국 이래 200년, 콜럼버스의 아메리카 대륙 발견 이후 500년 이상의 역사를 가지고 있는데, 한국 반만 년 역사와 비교하면, 역사가 짧은 국가라고 할 수 있다.

한반도 42배의 광대한 영토에 2016년 현재, 3억 2천만 명의 인구수를 기록하고 있고, 이중 약 170만 명의 한인 동포가 거주하고 있다. 미국은 세계 각국으로부터 유입된 인구로 구성된 다민족, 다인종 국가이며, 그 구성비율을 보면, 백인 83.4%, 흑인 12.4%, 아시아계 3.3%, 아메리칸 인디언 0.8% 순이다. 종교는 기독교가 압도적으로 많은데, 개신교 56%, 가톨릭 28%, 유태교 2%로, 그 합이 86%에 이른다.

2_ 재미 한국인 이민의 역사

제1기

조선과 미국의 외교 관계는 1882년의 조미수호 통상조약(이듬해 비준)에 의해서 개시되었고, 1903년 1월 13일, 조선에서 미국으로 최초 103명이 하와이주로 이민 후 정착하였다. 제1기 하와이 이민은 한국 내의 미국계 기독교회에 의해서 조직되었기 때문에, 개신교도가 대부분이었고, 일본계 외국인과 같이, 대부분은 사탕수수 농장에서 일했다.

제2기

한국전쟁 종결 시점부터 제2기 이민의 역사가 시작된다. 미국은 1952년 미국 이민 국적법에 의거, 한국에 연간 100명의 이민자 수를 할당하여 이민자를 받아들였다.

1953년부터 1963년에 걸친 제2기 이민은 미군인과 결혼한 한국인 여성이나 입양 된 전쟁고아가 대다수를 이뤘다. 이 시기에 입양되어 태평양을 건너간 수는 약 5,000명, 미군 배우자의 경우는 약 6,000명으로 추정된다. 하지만, 군인이 아내로 삼 거나, 입양하는 것은 애초에 미국인 피부양자로 입국하게 되어, 이민으로 분류되지 않기 때문에, 정확한 통계는 잡을 수 없다. 1945년부터 1965년의 20년간 약 6,000명 의 유학생이 미국의 대학에 입학했으며, 그 90% 이상은 영주권이나, 시민권을 얻어 미국에 남았다

제3기

1965년 미국 이민법 개정에 의해, 한국 이민자들이 미국으로 이민하기 비교적 쉬 워진 현재까지가 제3기이다. 이민법 개정 후, 미국은 베트남 전쟁에 협력한 한국을 동맹국으로 우대하였고, 비교적 큰 이민자 쿼터를 할당하였다. 1965년의 한국계 미

국인 수는 약 2.5만 명이 었으나, 1970년에는 5만 명, 1980년에는 35.7만 명, 1990년에는 70만 명으로 증가하였다. 특히 1980년대에는 약 35만 명이 한국에서 미국으로 이주하였다.

이 시기의 이민은 경제적 이유뿐만이 아니라, 북한과의 전쟁 위험이나 국내 군사 독재정권에 반하여 이민한 사람도 많았다. 이 때문에, 한국인 이민은 단신 노동자가 아니고, 본국에서 저축한 일정 자금을 가지고 가족 모두가 이민하는 경향을 볼 수 있다. 미국 각지에 코리아타운이 형성되어 "파파 마마 숍"으로 불리는 저소득자 전용의 개인 상점이나, 세탁소에 종사하는 사람이 많았다.

3_ 유학생 또는 망명 인사들의 조국 독립 운동

한인 최초의 미국 유학생은 유길준이며, 그는 1883년 9월, 사절단으로 미국을 방문하여, 국가장학생 신분으로 유학하였다. 1885년 귀국한 뒤 『서유견문』이라는 기행기를 저술하고, 서양 문물을 처음으로 한국에 소개했다. 그 후, 갑신정변에 관련된 개화파 서재필, 윤치호, 박영효, 서광범 등이 미국으로 유학했으며, 안창호, 이승만, 박용만 등이 뒤를 이었다. 이들 유학 혹은 망명을 목적으로 하는 인사의 총수는 1940년까지, 약 900명으로 추계된다. 그들은 '재미 유학생회'를 조직하여, 초기 이민 사회의 중추 세력이 되고, 동시에 조국독립운동의 거점이 되었다.

갑신정변을 주도한 서재필은 과거(지금으로 말하면 국가 공무원 채용시험)의 급제자였으나, 의사가 되어, 한인으로서는 최초로 미국 시민권을 받았다. 한국 언론의 효시가 되는 『독립신문』을 창간했고, 1919년 미국에서 『한국평론』을 발간, 조국 독립을 계몽했다. 필라델피아에서 1919년 4월 3일부터 3일간 열린 '한인 자유 대회'를 주재, 미국 유력 인사를 초청하여 독립운동과 일제 탄압 등에 대해 보고하고, 결의안을 채택했다. 또 '한국 친우동맹'을 창설하여, 이승만의 외교 노선을 지원하다, 1951년 필라델피아에서 사망하였다.

4_ 이민법 개정으로 대거 미국으로, 장사에 힘쓰다

중국, 구 소련, 일본으로 이주한 사람의 대부분은 2대, 3대 세대로 계승되고 있으나, 재미동포사회는 이민 1세의 사회이다. 이것은, 미국으로의 이민이 1965년 이민법 개정으로 본격화되어, 대규모 이민이 시작되었기 때문이다. 1960년까지 공식적인 한인 이민자수가 6,231명에 지나지 않았던 데 비해, 1961~1970년 사이에 3만 4526명, 1971~1980년 사이 26만 7,638명으로 급증하여, 현재까지 총계는 180만 명에 이른다.

일부 전문직이나 경제적 여유가 있었던 이주자를 제외하고 대부분은 노동일로부터 시작하였다. 대부분 청소와 봉제 등 단순노동을 시작했고, 이민 정착 훈련기관에서 기술 습득 후, 자동차 수리, 전자제품 수리, 카메라 수리, 하수도 수리에도 종사했다. 특히, 도장공, 정원사, 병아리 감별사, 운전기사 등이 비교적 많았다. 사무직으로는 국가시험에 합격한 후, 우체국 직원으로 일하는 경우가 많다. 이주자의 약 3분의 2가 대학교육을 받아 한국에서는 전문직 혹은 사무직에 종사하던 비율이 65%가 되지만, 이민 후에는 그 절반에도 미치지 않는 30%만이 이전과 같은 직업에 종사했기 때문에, 대다수 이주자가 기계, 건설, 전기 등의 노동 분야에 종사하여, 직업적 지위의 저하를 경험하며, 학력 수준과 직업적 지위와의 불일치로 고민하고 있다고 한다. 그들은 한국에서는 그러한 노동의 경험이 없으므로, 기회가 닿으면 독립하여 장사를 하려고 한다. 가장 손쉬운 방법이 노점상이다.

로스앤젤레스 거주 동포의 경우, 이민 초년도에 장사를 시작한 사람이 46%, 2년째가 21%에 이르렀다. 주된 사업자금은 한국에서 이주 시 지참한 비용으로 충당하였다. 주된 업종은 식품 관계나 식당에서, 1985년 당시의 매상고는 5만~20만 달러의 경우가 40%, 고용 인원수는 대부분이 3명 이하이다. 시카고나 애틀랜타에서도 유사하다. 식품이나 잡화, 의류 장신구, 자동차 관련 등이 주된 업종으로, 식품이나 잡화의 경우는 편의점, 식료품점, 주류 판매점, 과일 야채점 등이 대표적이다. 의류 장신구의 경우는 1970~80년대에 가발점이 성행하여, 지금은 장신구, 시계, 문구, 완구,

의류 등 다양하게 확산되었다. 이와 관련하여 세탁소와 소규모 봉제 공장을 경영하는 사람도 많다. 자동차 관련 사업으로는, 주유소 운영이 가장 많았고, 자동차 수리, 부품숍 등도 많다. 이러한 장사에 성공하면, 다음은 상당한 자금을 필요로 하는 숙박업에 진출하는 경우가 흔하다. 그 외, 무역에 종사하는 경우도 많으며, 주된 거래처는 한국 혹은 아시아 지역의 국가가 대부분이다.

미국인들이 주 평균 40시간 밖에 일을 하지 않는데 비교하면, 한인 자영업자는 1일 평균 10시간 이상, 토요일·일요일도 일하여, 1주일에 100시간 이상 일하는 경우도 많다. 그러한 근면과 노력은 성공의 원동력이 되었다. 그렇게 성공한 사람이 로스앤젤레스 지역의 경우, 500만 달러 이상의 자산가가 50여 명, 1,000만 달러 이상은 5~6명이라고 한다.

한국계 이민이 자영업에 집중하는 이유는, 언어문제와 인종차별이 주된 요인으로 여겨진다. 점포의 고객은 대부분이 한국계 이민 등 동양인이지만, 유태인 상인이 상대로 하고 있던 흑인이나 히스패닉계(스페인어 사용의 라틴 민족) 사람들을 고객으로 하는 경우도 있다. 주로 장사를 시작하는 경우, 유태인 상인이나 이탈리아인 상인의 가게를 인수해 시작하는 경우가 많아, 그들의 영업 기반을 그대로 계승하기 때문이다. 환언하면, 선주자의 유태인이나 이탈리아인의 사회적·경제적 지위가 상승하는 데에 따라, 빈자리가 된 그들의 영업 지역을 한국계 이민이 맡는 것이다.

5_ 한국인의 국제결혼과 입양

한인 여성의 국제결혼은 당초 대부분이 한국 내의 미군과 결혼하는 경우로, 1989년까지 10만 명 가까이가 국제결혼을 해 미국으로 이주했다. 이중에는 연방 저작권·특허 중재위원회 위원장(차관급)을 역임한 사람도 있다. 그녀들은, 남동생이나 여동생을 초청하는 방법을 통해, 1명의 여성이 50명의 가족을 초청한 경우도 있다. 남편은 85%가 백인, 2%가 라틴계, 0.4%가 흑인으로, 주로 워싱턴주, 시애틀 근교의 타코마, 텍사스, 오클라호마, 산안토니오, 킬린 등에 각각 1만 명 규모로 거주하고 있으며, 캔자스주 존슨, 애리조나주 시에라비스타, 하와이 등에도 각각 1,000명 내외가 산다고 추정되고 있다.

그녀들 중 60%가 시민권, 40%가 영주권을 가지는데, 이는 다른 한인 이민자들 보다 시민권을 취득하는 비율이 상대적으로 높다. 미국인과 인척관계를 형성한 그녀들은, 대체로 미국인과 접촉하여 살아 지역사회에 공헌하고 있는 사람도 적지 않다. 예를 들어, 오하이오주 코론보스에서는 매년 국제 문화제 행사가 개최되는데, 그 지역의 한미부인회가 한국 음식이나 민속춤 등을 소개한다. 이러한 한미부인회는 미군 부대를 시작으로 하여 여러 곳에 조직되어 새롭게 들어 온 국제결혼 한인 여성들의 미국에서의 생활을 도와주고, 고민 상담에도 응한다. 국제결혼을 한 많은 여성들은 영어를 올바르게 구사할 수 없기 때문에, 의사소통에 있어 어려움을 겪고, 점점 더 주변 미국인들의 편견과 차별로 고립되는 경우가 많기 때문이다.

한국 정부는 1961년 해외입양법안을 제정하여 국제입양의 문을 개방하였으며, 1987년까지의 해외 입양아 수는 10만 명을 넘었다. 대부분은 미국에서, 미국인 부모 슬하에 한국에서보다 풍족한 생활을 경험하여, 영어와 미국 문화에 익숙해지며 성장하지만, 성장하면서 백인이 아닌 사실에 대해, 정신적 갈등을 반복하게 된다. 한국어를 구사할 수 없는 경우에는 한국 문화에도 전혀 친숙해 지지 않고, 자신들끼리의 네트워크를 구축하여 유사한 상황을 서로 확인하며, 상호부조하고 있다. 그들은, 국제결혼한 사람들과 비교했을 때, 미국 사회에 흡수되어 한인 사회와 관계없이 살아가는 경우가 많다.

6_ Don Lee 목사와 전쟁 신부

나는 1974~19745년에 걸쳐 미국 뉴올리언즈에 있는 툴레인(Tulane) 대학교 의학부에서 연구생활을 보냈다. 당시, 이 도시에도 많은 전쟁 신부들이 돈 리(Don Lee) 목

전쟁신부와 남편들
(앨라배마주 한인
교회, 뒷줄 좌측이
Lee 목사)

사가 있는 Korean Baptist 교회에 와 있었다. 이 후 Don Lee 목사는 앨라배마(AL)주로 옮긴다. 뉴올리언즈의 엔터프라이즈 미군 기지의 마을에는 매년, 천 명의 한국인 여성이 새로 이주해 왔다. 그 중에는 미군에게 이혼을 당해 어찌할 바를 몰라 하는 여성도 있었다. 미국으로 오는 여성 중, 약 3분의 1은 미군에게 버려져 이혼의 아픔을 당했다고 한다. 앨라배마주 이외의 루이지애나주, 플로리다주, 캘리포니아주에서도 많은 젊은 한국 여성들이 이와 유사한 애처롭고 위험한 상황에 처하고 있다. 그러나 앨라배마주에서의 사태는 다른 주와 다소 다르다. Don Lee 목사가 분주히 여성들을 보호하며, 그들의 인권을 지켜왔기 때문이다.

리 목사는 전도사인 동시에, Case Worker였기 때문에, 무방비로 위험에 처한 여성들을 법적으로 보호하며, 정신적으로 지지하고 있었다. 가정을 버린 미군에게는 그 급료의 반을 여성에게 건네주도록 변호사를 통해 소송을 걸었다. 남편의 신청에 의해, 여성이 한국으로 강제 귀환되지 않도록 재판을 벌이기도 하였다. 또한, 거주할 집이 생길 때까지, 앨라배마주의 무료 주택을 제공시키고, 남성이 도망·도주하였을 경우 생활보호 치료를 받게 되도록 주정부에 제의했다. 정신병원에 수용된 한국 여성을 의사와 상담하여, 구조해 낸 적도 있다.

차가 없는 여성에게는 차를, 또한 생활비를 빌려주어, 고통에 신음하는 이혼 여성을 격려하고 살아갈 용기와 희망을 주었다. 이러한 봉사 활동은 보통 목사로는 할 수 없는 이야기이다. 리 목사에게 경의를 표하는 바이다.

전쟁 신부들의 민족의식은 매우 강했다. Don Lee 목사와 나, 그리고 그녀들과의 우정은 지금도 계속되고 있다. 2017년 2월, 내가 앨라배마주 한트빌의 Don Lee 목사의 교회를 방문하여 이른 아침 돌아올 때, 전쟁 신부인 Mrs. 파크가 나를 위해 요리한 치킨 한 마리를 목사님 집에 놓고 갔다. 나는 그것을 보고 큰 감명을 받았다.

7_ 교회와 교육열

재미동포의 70% 이상이 교회에 다닌다. 한국에 있어서의 기독교도의 비율이 약 22%인 것을 감안하면, 비정상적으로 높은 숫자이다. 이것은 미국 사회에서 느끼는 소외감을 완화시켜주고, 그 존재감을 교회를 통해 해소하고 있기 때문이다. 현재, 미국 내에는 2,000여 개소의 교회가 있다고 추계되어, 종교적 기능 이외에 사교나 친목의 기능을 수행하며, 청소년을 위한 한글학교도 운영하고 민족문화 교육을 실천하는 사회조직을 운영하고 있다. 반면, 한인교회의 목사는 그 지역 한인 지도자로서 역할을 수행하기도 하는데, 교회의 난립으로 자칫하면 교회 간의 갈등에 한인 사회가 말려들어가는 경우도 생기고 있다고 한다.

미국에서의 이민 생활은, 경제 기반을 확립할 때까지는 부부 모두가 일하기 때문에 여성의 노동 활동이 활발하며, 그것은 또한 여성의 발언권도 강화시킨다. 그것은 다른 한편, 부부 사이의 갈등을 증폭시켜 가끔 가정폭력으로 발전하는 경우도 있어, 구타·학대에 의한 이혼으로 연결되는 경우가 많다. 1980년대 자료에 의하면, 재미동포 남성의 경우, 한국 남성의 3배, 여성은 한국 여성의 6배나 이혼율이 높다고 하는 결과가 있다. 또, 부모의 권위를 고수하여 미국의 평등주의와 개인주의에 익숙해진 자녀와의 사이에서 갈등이 생기는 경우도 많다.

재미동포의 교육열은 미국의 어느 민족보다 높다. 자신들의 아들이 의사나 변호사, 과학자, 대학 교수 등의 영역에 진출하여 성공할 것을 바라는 것이다. 대도시뿐만 아니라 지방의 소도시에서도 방과 후 학원에 다니는 자는 한인이며, 가정교사를 두어 학습하는 이도 한인이다. 또 맹모삼천의 고사를 모방하여, 교육을 위해 보다 좋은 학군으로 이사하는 것을 목표로 하는 한인 부모도 많다. 이러한 교외 거주율은 1980년 통계에 의하면, 백인 33.8%인데 대하여 한인은 46.4%이다. 반면에, 흑인은 18.7%이다. 이러한 과열된 교육열을 통해, 우수한 성적을 거두어 명문 고등학교나 대학에 진학하는 한인 자녀가 많다.

8_ 이민 감소와 의식 변화

한인 이민도 1970년대에는 1년에 3만 명에 달하였으나, 현재는 1만 명에도 못 미친다. 이것은 한국이 경제적으로 성장하여, 이민의 가장 큰 동기인 경제문제가 해소되었기 때문이다. 따라서 이민은 감소하지만, 미국에서의 단기 체류를 통해, 기술, 언어, 예술, 디자인 등을 습득할 기회는 급속히 늘어날 것으로 전망된다.

태어났을 때부터 시민권을 갖는 재미동포 2세, 3세는 한인이라고 하는 의식보다는, 한국계 미국인, 혹은 아시아계 미국인이라고 하는 의식이 강해지고 있다. 한국어의 사용이 줄어들어, 한국어 신문이나 한국어 방송이 축소되는 것 같다.

백인의 동양인에 대한 차별을 해소한다고 하는 의미로, 정치권이나 공직으로의 진출이 많아지는 경향이 있고, 각 지역 주 상·하원의원, 시장, 시의원, 교육위원에 진출하는 수가 점차 증가하고 있고, 변호사 등의 전문직을 지향하는 경향도 강하다.

한편, 재미동포는 조국 통일에 진력하여, 남북관계를 중개하는데 중요한 역할을 수행하는 것으로 보이는데, 수천 명을 넘는 재미동포가 가족이나 지인을 만나기 위해서 북한을 방문하기도 하고, 관광, 학술 연구, 투자를 위해서도 방문하고 있다. 그들의 일부는 북한을 빈번히 방문하면서 북한 정부와 밀접한 관계를 유지하고 있다고 한다.

9_ 단일민족의식

일부 논자에 의하면, 한국계 이민은 민족의식이 강하다고 한다. 미국에서는 아프리카계를 제외하고, 유럽계나 아시아계, 선주민의 사이에 혼혈화가 진행되고 있으나, 한국계 커뮤니티로는 단일민족국가 의식이 강하고, 혼혈아를 차별하는 경향을 볼 수 있었다. 하인즈 워드는 한국계 미국인과 아프리카계 미국인의 혼혈이며, 한국과 미국의 한국인 사회에서 아프리카계에 대한 차별 철폐를 호소하고 있었다.

풀 브라이트 프로그램으로 도미하여, 그 후 일본에 귀국한 오치아이 노부히코는 한국계 미국인의 특징을 다음과 같이 분석하고 있다.

1. 헝그리 정신이 왕성하며 위험을 돌아보지 않는다.
2. 가족의 결속이 강하고, 가족 경영의 점포를 운영하는 사람이 많다.
3. 배타적이고 다른 민족과의 교류가 비교적 적다.
4. 홀로 벌이를 하다 귀국하는 사람이 많다.
5. 자기주장이 강하다.

10_ 저명인

저명한 한국계 미국인으로는, 처음으로 미국 의회의원으로 당선된 제이 김, 연방공소법원 재판관으로 근무한 허버트 최, 헤밍웨이상 수상작가 체네 리 등을 들 수 있다. 또한, 한국 가수로서도 활약하는 리나 파크, 배우 다니엘 헤니, 린킨 파크의

코리아 제일 침례
교회(미국 앨라배마
주)

조 한이나 골퍼 미셸 위, 아메리칸풋볼 선수 하인즈 워드, 모델 샤넬 이만, 프로야구 선수 타멜 스렛지 등이 잘 알려져 있다.

　이 외에 물리학자인 벤저민 W. 리, 철학자인 제권 김, 육군 존 웍 김, 해군 제프리 J. 김, 공군 프레드 오, 개화파 혁명가 서재필, 바이올리니스트 사라 장, 뮤지션 TASHA 등 다수가 있다.

　최근 미국 한국계 이민의 특징은 하와이나 중남미의 이민과 비교해서 학자나 기업가가 많다는 것이다. 그것은 미국의 이민법 개정에 의한 것일 것이다.

문헌〉

1)「한국계 미국인」, Wikipedia, 2015.
2) 정경수, 『세계의 한민족－미국』(세계의 한민족 6), 통일원, 2005.
3) 강건영, 『꿈과 정에의 여행』, 오사카 서적 주식회사, 2007.

(2017.4.25)

2. 캐나다의 한국계 이민

1_ 캐나다로의 이민

캐나다 이민은, 조국 해방으로부터 1964년까지 이주자를 초기 이주자로 분류한다. 그는 황대연 씨로, 캐나다 선교사의 소개로 에드몬튼의 병원에서 근무하고, 2년 뒤에 미국 뉴욕의 병원으로 옮겼다가, 5년 후에 다시 캐나다로 돌아와 퀘벡, 오타와 등지를 전전하다, 결국에는 온타리오주에서 개업해 대성했다.

1963년 한국 캐나다 양국 정부가 정식으로 외교 관계를 수립하여, 한국의 이민 장려책에 의해 캐나다 이민이 조금씩 증가했다. 본격적으로 시작된 것은 1965년 가을, 캐나다 이민관이 파견되어 서울 반도 호텔에서 이민 희망자의 신청서를 받아들이고 나서이다. 200장의 신청서가 2시간 만에 떨어지게 되어, 캐나다 이민 붐에 불이 붙는 형태가 되었다.

한국인의 캐나다로의 이민은, 1960년대 후반 박정희 정권 하에서 행해진 산업화 정책의 일환으로 서독에 광부나 간호사로 파견된 기술 이민자나 브라질 등 남미 지역에 농업기술자로서 건너간 사람들이, 계약기간이 끝나고도 본국으로 귀환하는 것을 연기하고 당시 한국인의 주된 이민지였던 미합중국보다 쉬운 기준으로 비자가 발급되는 캐나다로 건너가는 것을 선택했던 것이 시작이다. 유학 후 취업을 목적으로 하는 이민은 소수였다.

1970년대 중반이 되어 유신 체제가 강화되고 이에 반발하는 교민 사회의 팽창을 막기 위해, 정부 차원에서 이민을 억제하는 정책이 취해졌다. 이민의 억제는 약 10년간 계속되었고, 1980년대 후반의 민주화 운동으로 정치적 상황이 변화됨에 따라 다시 캐나다로의 이민 정책도 호전되었다.

한국 외교 통상부에 의하면, 한국인의 캐나다 이민자수는, 1999년에 처음으로 미국을 제치고 제1의 비율을 차지하게 되었다.

2_ 역사

캐나다 본토에 있어서는, 1534년 프랑스인 잭 카르체가 유럽인으로 최초로 세인트로렌스강을 거슬러 올라가 오늘날 퀘벡시에 도달한 것이 그 시작이다.

한인과 캐나다인의 접촉은 이조 말기 1888년, 캐나다인 선교사들의 조선에 입국하면서 시작된다. 그들은 함경남북도나 간도(구만주) 등을 포교 지역으로 정하고 서구 문물을 소개했던 것이다. 한편, 캐나다를 거쳐 간 한인도 있었다고 기록되어 있어 그중 가장 유명한 것이 러시아 니콜라이 2세의 대관식에 참가했던 민영환이다. 1896년에 김 목사가 한국 YMCA를 통해 유학한 것이 한인 유학생의 시작이라 추정되고 있다. 한국 민주화 운동 시기, 그 중심이 된 문익환, 동환 형제 목사의 부친인 문세린 씨도 이 시기 토론토 대학교내 임마누엘 신학교에서 수학하고 귀국했다. 일본 식민지 시대, 캐나다 선교사들은 독립 운동 지사를 음양으로 지원하여, 일본 관헌의 잔학행위 현장을 생생하게 기록하여 전 세계에 고발한 선교사도 있었다.

캐나다에 동양인이 이주한 것은 1788년의 중국인 노동자 50명이 처음으로, 1881~85년의 대륙횡단철도 부설 공사에는 1만 5천 명의 중국인 노동자가 투입되었다. 캐나다 초창기에는 동양인 노동자들의 피와 땀이 도처에 흘렀던 것이다. 중국계 이주자가 증가함에 따라 이민 입국세(인두세)가 부과되어 1903년에는 500달러로 증액되고, 중국계 이민이 사실상 두절되었다. 그 밖에 일본인, 인도인의 이민도 잇따랐으나, 아시아인 배척회가 출현하여, 밴쿠버에서 동양계 이민자를 폭행하는 인종 폭동이 발생하기도 했다. 1930년대 후반에는 일본계 이민자도 두절되었고, 제2차 세계대전 중에는 중국계 이민자와 일본계 이민자가 수용소에 격리 수용되었다. 1960년 8월,

캐나다 연방 정부는 '캐나다 인권선언'을 가결시키고, 캐나다 내에서의 인종차별을 법적으로 금지했다. 그때까지 동양인은 대학교에 입학할 수 없는 주도 있었다. 그렇다고는 해도, 백인들의 동양인에 대한 인종차별이 없어진 것이 아니라, 단지 법의 제정에 의해서 '인종차별은 범죄다'라는 의식 변화가 생겨났던 것이다.

캐나다는 풍부한 지하자원과 공업 기술을 자랑하고, 1992년에 남성 1인 당 국민소득이 3만 달러를 넘었다. 평균소득, 평균수명, 교육성과의 세 부분에 있어 유엔이 집계하는 1992년도 인간성 발전 지수 비교에 의하면, 세계 173개국 중 캐나다는 1위에 랭크되었고, 2위 스위스, 3위 일본, 4위 스웨덴, 5위 노르웨이 순이었다. 캐나다는 선진국 중에서도 제일의 복지 정책을 실천하여, 노인 생활비 보조제의 경우, 65세를 넘는 한국계 캐나다인의 대부분이 이 혜택을 받아 쾌적한 노후 생활을 즐기고 있다.

3_ 한국 이민자 거리

1991년 현재 캐나다 이민자수는 약 434만 명으로, 전체 국민의 약 16%에 해당한다. 이민자 출신국은 영국, 이탈리아, 미국, 폴란드, 독일, 인도, 포르투갈, 중국의 순서로, 한국은 22번째이다. 1968~69년은 토론토가 한국계 이민의 중심지여서, 1970년 경 몬트리올 지역의 동포 수는 15세대에 지나지 않았다. 1991년 현재 한국계 이민 총수는 3만 3170명으로, 이민의 정착지는 온타리오주가 47.5%, 브리티쉬 컬럼비아주와 퀘벡주가 각각 18.6%, 엘버타주가 9.8%, 메니트바주가 4.6%가 된다. 친족 초청에 의한 이민을 주로, 1988년부터 사업 이주자수가 많아져, 같은 해의 이민자 2,264인 중, 절반이상인 1,535명이 사업 이민이었다. 한인계 이민자 대부분은 도시에 거주하며, 자영업을 하는 사람이 많다. 토론토의 소규모 가게 90%가 한인이 경영한다고 하고, 토론토 중심가의 한쪽에는 한글 간판이 처마를 나란히 하고 한인을 위한 식품점, 식당, 빵가게, 비디오와 책방, 여행사, 변호사 사무실, 회계사 사무실, 의원, 한방약, 선물 센터, 미용실, 이용점 등이 집중되어, 코리아타운을 형성하고 있다.

이민 천국이라고 불리는 캐나다는 세계의 어느 나라로부터도 이민을 받아들인다. 누구라도 캐나다 공관에 소정의 서류를 첨부해 신청할 수 있으나, 단지 캐나다 국내에서는 받아들이지 않고, 캐나다 국외에서 신청하지 않으면 안 된다. 캐나다 생활의 적응 정도가 판정 기준이 되어, 제1차 서류 전형, 제2차 면접 심사, 제3차 신체검사 등에 의해서 이민의 승낙여부가 결정된다. 그 외에도 캐나다에서 유일한 프랑스어 사용권인 퀘벡주는 세계 각국에 이민관을 보내 독자적으로 이민 신청을 받아들이고 있다.

4_ 소수민족 대책

캐나다는 복합문화주의를 표방하여, 세계 각국으로부터 이민 해온 수많은 민족과 그 문화를 보호·징려하고 있다. 그 일환으로 캐나다 정부는 캐나다 내 소수민족의 민족어 교육 등에 재정 지원을 한다. 그러한 환경에서, 캐나다에는 현재 약 70개소의 한글학교가 있어, 약 500여 명의 교사와 함께, 5,000여 명의 학생이 배우고 있다. 한글학교에서는 5세부터 18세까지의 한국계 자녀 중 희망자에게 매주 토요일 또는 일요일에 한글을 가르친다. 학생의 수강료는 무료이지만, 교사에게는 1일 17달러의 수당이 지급된다.

토론토 대학교에는 한국학과가 설치되어 한국어와 한국학을 가르치고 있다. 한편, 1983년 이후, 한국 내의 대학교와 캐나다의 대학교가 자매결연을 하여, 학생이나 교수의 교환 등을 실시하고 있다. 대학 입시 제도는 미국과 같아 필기시험이 없고, 고등학교의 성적표를 가지고 자신이 바라는 대학에 원서를 잡수하면 서류 전형으로 합격 여부 통지서가 우편으로 돌아온다. 그러므로 어린이들은 학교 밖에서 따로 공부를 할 필요도 없으며, 입시지옥 등도 없고, 축구나 아이스하키(캐나다의 국기) 등의 스포츠에 흥미를 느낀다. 또 대학에서는 부유층을 제외한 모든 학생에게 장학금을 지급하기 때문에 비용도 들지 않는다.

5_ 저명한 한국계 캐나다인

미국과 비교해서, 아직 소수지만, 다음과 같은 저명인이 있다.

데니스 강(종합 격투가), 게일 김(여자프로레슬링), 산드라 오(여배우), 그레이스 박(여배우) 등이 알려져 있다.

6_ 몬트리올의 맥길 대학교와 석면 광산

나는 1984년 8월 여름, 약 10일간 캐나다 퀘벡주에 있는 몬트리올을 방문해 전통 있는 맥길 대학을 방문하고 석면 광산도 견학했다. 당시, 나는 석면(Asbestos)에 의한 암 발생에 대해 임상 연구를 하고 있었으므로, 맥길 대학 의학부 공중위생학과의 맥도널드 교수의 교실에서 연구를 희망하고 있었다. 그러나 캐나다에는 미국과 같은 장학금 제도가 적은 탓에, 맥도널드 교수의 수락 통지에도 불구하고, 부득이 1년 후, 미국 뉴올리언스에 있는 툴레인 대학에 가게 되었다. 그런 탓에 몬트리올은 나에게 잊지 못하는 지역이다.

캐나다 퀘벡주의 석면 광산

1876년에 백석면 광산이 퀘벡주에서 발견된 이래, 세계 백석면(Chrysotile)의 95%를 생산해 왔다. 당시, 연간 20만 톤의 석면이 채굴되고 있었으나, 구미 및 일본은 석면사용을 금지했기 때문에 수출의 60%를 아시아 여러 나라－태국, 한국, 대만, 인도 등에 보내고 있었다. 그러나 현재는 석면에 의한 폐암과 중피종 등의 합병 문제가 있어, 결국 채굴이 정지되었다.

일본은 2004년 10월 1일부터 '기적의 섬유'라고 말해진 백석면 등의 제품 제조를 금지했다. 게다가 2005년 7월 1일에는, 「석면 생애 예방 규칙」이 시행되어 석면 사용이 전면 금지되었다.

한편, 일본은 2040년에 10만 명의 석면에 의한 중피종 발생이 예측되고 있다.

문헌 〉

1) 「한국계 캐나다인」, Wikipedia, 2014.
2) 정경수, 『세계의 한민족 – 캐나다』(세계의 한민족 6), 통일원, 2005.
3) 강건영, 『아스베스트 공해와 암 발생』(일어), 슈초사, 2006.

(2017.3.26)

3. 오스트레일리아의 한국계 이민

2001년 시점에서, 오스트레일리아에 살고 있는 한민족은 대략 5만 명에 이르고, 그것은 뉴사우스웨일즈주, 빅토리아주 및 퀸즈랜드주에 집중되어 있다.

오스트레일리아 한인 사회로는 구포, 신포라고 하는 표현이 사용되어 구포는 1975년 이전에 오스트레일리아에 입국한 사람들을 가리킨다. 신포는 당연하게 그 이후의 사람들로, 93.3%이란 압도적인 수를 차지한다. 이와 관련하여 타국으로부터 의 한인 이민은 39.7%로 1976년 이후의 입국이다.

구포는 한인 사회를 자신들이 만들었다고 하는 강한 자부심을 가졌고, 의사, 사업가, 고학력자 등으로 구성된 신포는 한인 사회의 발전에 기여했다는 큰 자부심을 가지고 있다. 양자의 관계는 불융화라고 하여, 생활양식이나 취미 생활에서도 큰 차이를 보인다고 한다. 그 때문에 최근에는 양자의 조화를 도모하는 한인회 사업이 모색되고 있다.

1_ 역사

오스트레일리아 대륙은 1770년에 영국 해군 제임스 쿡에 의해 발견되었다. 이후, 죄수 식민지로서 1840년까지 영국의 죄수 약 16만 명이 이송되었고, 자유 이민은 20만 명 정도가 입국했다. 1851년에 금광이 발견되면서 이민이 급증해, 영국뿐만 아니라 미국, 뉴질랜드, 중국으로부터 10년 간 약 74만 명이 이주하여, 인구는 약 41만 명에서 115만 명으로 급증했다. 1901년에는 백호주의 정책의 이민 제한법이 제정되어 백인 이외의 이민이 제한되었고, 1973년 노동당 정권에 의해 폐지될 때까지 지속되었다.

제2차 대전 종료 시까지는 압도적으로 영국계가 많아, 비영국계와의 비율은 10대 1이었다. 1947년부터 대규모 이민을 받아들여 비영국계 이민이 증가했다. 1996년 현재, 인구는 1,829만 명으로, 영국계 77%, 비영국계 19%, 아시아계 3%로, 선주민 애버리지인은 4만 년 전부터 거주하고 있었다고 추정되며 1778년에는 약 30만 명이었으나, 질병과 학살로 1893년에는 약 6만 명으로 격감해, 이후 보호 정책으로 1989년에는 약 18만 명을 회복했다. 현재는 약 35만 명이다.

2_ 한국계 이민자와 직업

1970년 이전의 오스트레일리아에는 극히 소수의 유학생 밖에 없었지만, 1973년에 백호주의가 폐지되면서, 지질학자, 헬리콥터 조종사, 교사 등의 전문 기술자가 소수만 이민했다. 베트남 전쟁에 참전한 기술자 약 500명이 관광 비자로 입국했고, 대부분은 1976년의 사면령에 의해 영주권을 취득하여, 가족 초청도 가능하게 되었다. 베트남 참전 기술 이민은, 오스트레일리아 철공업의 발전에 수반하여, 용접공이 되는 사람이 대부분이었고, 한때 수백 명에 이르렀다. 그런데 80년대에 들어오면서 불황에 휩쓸려 상당수가 일자리를 잃고 택시 운전기사 등으로 전직하였고, 1980년대 후반에는 청소업이 주요 직종이 되었다. 이후, 남미 이민자 일부와 중동 취업 기술자 등이 이주하여, 1980년의 사면령에 의해서 영주권을 취득하고, 가족을 초청하게 되었다. 그 이후, 입양, 가족 초청, 취업 등으로 한인 이민이 급증했다. 오스트레일리아 건국 200주년이었던 1988년에는 더욱 큰 대규모 사면령이 있을 것이라는 기대로, 한인 불법 체류자가 급증했으나, 기대했던 사면령은 발표되지 않았고, 상당수가 오스트레일리아를 떠나지 않을 수 없게 되었다.

오스트레일리아에 거주하는 한인은 1971년에는 468명이었으나, 81년 4,514명, 92년에 3만 9572명으로 크게 증가했다. 하지만, 이후는 감소하여, 현재 약 3만 7,000명이며, 그 중 영주권 취득자는 약 3만 3,000명으로 집계되고 있다. 오스트레일리아 한인 약 3만 7,000명 중 약 3만 명이 뉴사우스웨일즈주(주도 시드니)에 거주한다. 주내의 50개 민족 중 21위의 인구이다. 이외에도 퀸즈랜드주(주도 브리즈번) 3,000명, 빅토리아주(주도 멜버른) 2,500명, 서오스트레일리아주(주도 퍼스) 1,000명, 남오스트레일리아주(주도 애들레이드) 500명 등이 거주한다.

최근에는 오스트레일리아에 사업 투자하는 사업 이민이 증가하고 있다. 1989년에 '사업 이민회'를 결성했다. 회원은 약 100명이나, 전체는 약 400명, 시드니에 300명이 거주한다고 추정되고 있다. 성공자는 35% 정도로 오스트레일리아인 사회에 적응하고 있으나, 10% 정도는 실패하고 귀국했다고 한다. 주된 업종은 의류 소매업, 건강식품, 화훼, 사슴 농장, 비닐·플라스틱 제조업, 레스토랑, 수퍼마켓, 주류 판매업 등이다.

3_ 다민족 공생 사회

오스트레일리아는 200여의 민족이 살고 있는 다민족 공생 사회로, 오스트레일리아 정부도 각 민족 문화의 발로를 장려하여, 학교 등에서는 민족 합동 학예회와 같은 것이 상시 개최된다. 20개의 한글학교가 있어, 그중 16개가 교회 부설학교이다. 교육 목표는 '한민족으로서의 긍지를 가지고, 오스트레일리아 사회에 적응해 나간다'는 것으로, 교사 150명 정도가 토요일 학교 4~5시간을 담당하여, 수당(시간당 25달러)이 지급되지만, 교회 학교는 봉사직이라 하여 수당은 지급되지 않는다.

오스트레일리아 정부는 과거 '백호주의' 정책을 수행해 왔으나, 현재는 이러한 차별 정책을 인정하지 않고, 공적인 영역에서의 제도적 차별은 해소되었다.

4_ 종교

많은 한국계 오스트레일리아인은 개신교 교회에 속하는 복음파 기독교도이며, 8%만이 비기독교도로, 그중 대부분은 불교신자이다. 시드니 시내만 해도 교회가 70개 정도 있고, 그 외 지역을 합하면 90개를 넘어, 한인의 60%가 개신교도이다.

5_ 남오스트레일리아를 걷는다

1985년 12월, 나는 남오스트레일리아 애덜레이드에 있는 풀린더 의료 센터를 방문했다. 핸더슨 교수는 석면 폭로에 의한 중피종 발생에 관한 연구를 오랜 세월 하고 있었다. 그리고 '호주 중피종 감시계획' 속의 중요 멤버이기도 했다. 전쟁이 없는 평화로운 호주의 풀린더 의료 센터에 온 중국 유학생이 '여기는 지상의 낙원이다'라고 말했다고 한다. 핸더슨 교수는 '이 나라 사람들은 근년, 나태해서, 일하려고 하지 않는다. 오히려 인도네시아 난민이, 밤낮을 가리지 않고, 실로 일을 열심히 해서, 그만한 재산을 구축하고, 그 자제들도 좋은 대학에 진학하고 있다. 덧붙여 그들의 노력은 지금도 계속되고 있다'라고 감탄하고 있었다.

서호주의 퍼스 북부에 위테눔이라고 하는 청석면 광산 마을이 있어, 여기의 채굴 노무자나 작업원, 또는 그 가족들에게 악성 중피종이 다발했다. 이 광산은 1943년에 조업을 개시하였고, 1966년에 경영난으로 폐산하고 있다. 일본도 호주로부터 1965년에 연간 890 톤의 청석면을 수입하고 있었으나, 현재는 수입하고 있지 않다. 나는 '석면과 발암'이라는 연구를 한 것이 인연이 되어 미국, 캐나다나 호주의 선생들과 대화할 수 있었다.

6_ 이민법 개정에 의한 이민 제한

한국인이 좋아하는 이민지는 미국, 캐나다, 오스트레일리아, 뉴질랜드 4개국이지만, 최근의 이민법 개정으로 한국인이 영주권을 받는 것이 어려워졌다. 미국은 더욱더 자격 요건을 어렵게 하고 있어, 영주권을 얻지 못해 중개업자와의 사이에 문제가 발생하는 경우가 증가하고 있다. 캐나다는 매니토바주 등 인구가 희박한 지역에서는 요건이 완만하지만, 상당한 수준의 영어에 통달하지 않으면 취업도 하지 못하고 실패할 가능성이 크다. 오스트레일리아와 뉴질랜드도, 상당한 자산이 있는지, 영어가 유창하지 않으면 영주권 획득까지 진행되지 않는다. 이 때문에 최근에는, 피지, 모리타니, 에콰도르, 과테말라 등이 새로운 이민지로 부상하고 있다.

이민을 희망하는 한국인은 젊은 층이 대부분이고, 20대와 30대가 60%를 차지한다. 그러나 20대에 이민 자격을 채우는 것은 어렵고, 실제의 한국인 이민자는 30대~40대가 많다. 캐나다의 경우, 출자국 배당이나 이민 자격의 제한이 어렵기 때문에, 만일 구입해도 실제로 영주권을 얻는 것은 어렵다. 실제로 이민을 가도, 적응하지 못하고 귀국하는 한국인도 많다. 또 처자식만 외국으로 보내고, 혼자 한국에 머무르며 생활비를 버는 부친도 많다고 말해진다.

문헌〉

1) 「한국계 오스트레일리아인」, Wikipedia.
2) 정경수, 『세계의 한민족 — 오스트레일리아』(세계의 한민족 6), 통일원, 2005.
3) 강건영, 『아스베스트 공해와 암발생』(일본어), 슈초사, 2006.

(2017.3.19)

4. 뉴질랜드의 한국계 이민

1970년대부터 미국이나 남미로 이주, 그리고 1990년대에는 뉴질랜드(NZ)나 오스트레일리아로의 이민이 한국인 사이에 활발해졌다. 특히 뉴질랜드 등에서의 이민 생활은, 일반적으로 생각하는 '이민 생활'과는 달라, 학력도 높고, 한국에서도 중산층적인 생활을 하던 사람들의 이민이었다.

뉴질랜드로의 한인 이주는 투자 이민 제도가 시작된 1986년부터이다. 1987년에 새로운 이민법이 시행되었고, 그 이전에는 극히 소수의 기업인, 태권도 사범, 녹용 가공업자가 거주할 뿐이었다. 1991년부터는 점수제에 의한 새로운 이민 정책이 시행되어 이민이 급증했다. 이것은, 종래의 영국과 서유럽 국가 우선의 이민 정책을 전환하여, 인종, 국적, 성별, 종교 등과는 관계없이, 개인의 능력을 기준으로 점수를 매려하여 이민을 허가한다고 하는 것으로, 고액자본 투자인과 고학력자가 유리한 이민 정책이 되고 있다. 현재 한인 이민은 약 3만 명으로, 그 중 오클랜드 지역에 2.5만 명이 거주하고 있고, 나머지 5,000명이 다른 도시에 산재 되어 있다. 오클랜드 대학교에는 한인 유학생이 200명이나 있다. 월링턴에는 약 300명이 거주, 크라이스트처치에는 약 1,000명, 유학생이 100명 정도 있다.

1_ 역사

1642년에 네덜란드인이 최초로 뉴질랜드를 발견하여, 네덜란드의 지명 '질랜드'에 '뉴'를 붙이고 국명으로 했다. 1769년에는 영국의 제임스 쿡 선장이 세번에 걸쳐서 해안선을 정밀하게 조사하였고 영국인의 이주가 시작되었다. 이후, 영국의 영향을 받아 식민지가 되었으나 선주민 마오리족과의 사이에 토지 문제가 발생하여, 1845~48년, 1860~72년의 두 차례로 마오리 전쟁이 일어났다. 1907년에 영국 자치령으로 독립하고, 31년에는 영연방국의 일원이 되었다. 세계에서도 굴지의 목축국으로 양모·양고기·소고기·치즈·버터 등이 수출의 70% 이상을 차지하고, 풍부한 삼림 자원을 토대로 펄프, 제지 공업이 발달하고 있다. 오스트레일리아와의 유대 관계를 유지·발전시키는 것을 대외 정책의 최우선으로 하고, 최근에는 아시아 중시의 정책도 추진한다.

뉴질랜드는 오스트레일리아의 남동쪽에 위치하여, 북섬, 남섬의 큰 섬과 크고 작은 부속도서로 이루어졌다. 면적은 한반도의 약 1.2배이다. 인구는 1996년 현재, 362만 명으로, 유럽계 이민이 81.3%, 선주민 마오리족이 9.6%, 그 외 9.1%의 구성비이다. 수도 웰링턴(북섬)에 35만 명이 거주하고, 가장 큰 도시로 오클랜드(북섬)에서 95만 명, 남섬의 중심지 크라이스트처치에는 36만 명이 거주한다.

뉴질랜드에는 원래 포유류로는 박쥐만이 살았고, 뱀 등의 파충류도 있지 않고, 양, 소, 말 등의 가축도 이민자들이 가지고 온 것이다. 뉴질랜드에는 각종의 희귀한 새가 많은데, 야행성에 날지 못하는 키위새가 국조이다.

2_ 이민의 수락

뉴질랜드는 남아푸리가 공화국, 영국, 한국, 홍콩, 대만 등으로부터 연간 2만 5,000명의 이민을 받아들이지만, 2만 명이 해외로 이주하기 때문에, 이민을 통한 인구증가는 몇 년간에 평균 5천 명 정도에 지나지 않는다. 한국 전쟁 때에는 뉴질랜드군 5,350명이 참전하여, 120명이 사망했다. 경기도 가평에는 영연방 4개국 합동 참전 기념비가 있다. 1962년에 한국과의 외교 관계를 수립하고, 무역·경제·기술 협력 협정 등을 맺었다. 문화·학술 교류도 활발하여, 오클랜드 대학교 등은 한국어·한국 문화 과정이 개설되어 한국 국립 예술단의 공연도 개최된다.

뉴질랜드는 1970년까지는 매우 배타적인 이민 정책을 취하고 있었다. 1987년에 새로운 이민법이 시행되어 게다가 1991년의 국민 정당은, 학력, 자격, 연령, 직업 등의 유무를 점수로 한 포인트제를 도입했다. 1987년 이후, 5년간 아시아로부터의 이민자수는 급증했다. 2006년까지 5년간의 이민자 수는 거의 2.6배가 되었다. 또 2006년까지의 5년간, 아시아계의 증가율이 50%에 달하여, 한국은 1.9만 명에서 3만 명으로 증가했다.

3_ 한인의 진출과 기독교회, 한글학교

1) 직업

한인이 가장 많이 진출한 업종은 부동산업으로, 뉴질랜드의 주택 판매왕이 된 사람도 있다. 또 보험 회사나 은행 등에도 상당수의 한인이 취직해 있다. 뉴질랜드 경찰에서 태권도를 가르치는 이 사범은 현지에서 유명인이다. 실제로 한국인이 하고 있는 일은, 작은 가게 경영, 모텔 경영, 택시 운전수, 그리고 학교의 청소권을 취득하여 학교의 청소를 하는 일이 많다고 한다. 오클랜드에는 신문·잡지 4사, 라디오 방송 2사가 있어, 뉴스나 생활 정보를 알리고 있다. 노스 쇼어 지구에는 코리아타운이 있어, 한국인 가게가 늘어서 있다.

2) 기독교회

오클랜드에는 개신교 교회만으로도 17개가 있다. 한국의 기독교 신자 수가 매우 많은 것은 잘 알려져 있다. 이주민 대상의 한국인 교회도 크고 작게 여러 가지로, 시내 이곳저곳에 존재하고 있다. 오클랜드의 핸더슨 지구에 있는 교회는 토지, 건물을 소유하고, 300명 정도의 사람이 모인다고 한다. 일요일은 1부, 2부로 나누어 예배를 실시하고 있다고 한다. 교회를 통해서, 한국인끼리의 네트워크가 형성되어 있어 교회가 중요한 정보교환의 장소가 되어 있다. 예배 후, 차나 점심 식사가 준비되어 모인 사람들이 환담을 나누기도 한다. 그래서 많은 사람들은 한국인 사회만으로도 생활에서 필요한 것을 충족시키고 있다. 또, 주일 학교를 통해, 아이들에게 한국어 계승을 결과적으로 가능하게 하고 있다.

3) 한글학교

오클랜드, 웰링턴, 크라이스트처치에는 각각 한인회가 설립되어 있다. 오클랜드 한인회 부설 한국학교는 1995년 4월에 설립되었다. 학생 300명(유치부 57명, 초등부 127명, 중등부 84명, 성인부 32명), 교사 30명으로, 웰링턴 한인회 부설 한글학교(학생 20명), 크라이스트 처치 한인회 부설 한글학교(학생 60명)도 있고, 그 밖에도 교회 부설 한글학교가 있다.

뉴질랜드는 오스트레일리아와 지극히 닮아서, 우선 상대를 믿고 일을 처리한다. 이것을 악용 하는 한인이 있어, 자주 문제를 일으킨다고 한다.

오스트레일리아의 투자 이민은 자본이 고액화되고 있으나, 뉴질랜드는 아직 적은 금액으로 가능하기 때문에, '시드니는 벌써 끝났다'고 말하며, 뉴질랜드를 투자 이민의 낙원이라고 보고, 이민을 가는 경향이 강하다고 한다.

4_ 한인 협회 회장의 이야기

오클랜드의 한인 회장은 글로벌화 속에서, 한국에만 매달림 없이, 세계로 나가지 않으면 안 된다. 그 하나의 선택사항으로서 뉴질랜드가 있었던 것이라고 하며, 다음과 같은 의견을 말했다. '뉴질랜드는 자연이 풍부하여 날씨도 좋고, 또 백인 중심 사회이니까, 치안도 좋다. 무엇보다도 영어권이니까 아이들에게는 매우 유리하다. 노동 허가(work permit) 이상의 비자를 갖고 있으면, 이이들 교육은 무료이다. 한국에 있으면, 영어 학원에서 한 달에 꽤 많은 돈을 소비하지 않으면 안 되지만, 여기에서

는, 그런 필요가 없다.'라고 뉴질랜드를 선택한 이유를 말했다. (문헌 2)

5_ 이민법의 개정

이민자의 입국은 2005년경까지 계속되었으나, 근년에는 이민법이 바뀌어, 높은 영어 능력이 요구되기 때문에, 비영어권 출신자의 이민은 어렵게 되었고, 한국으로 부터의 입국은 감소하고 있다고 한다. 이후, 한인 사회는 어떻게 되어 가는지, 향후 지켜볼 필요가 있을 것이다.

현재, 오클랜드 지부에 있는 쇼핑몰에서 보석점을 경영하고 있는 여성은 다음과 같이 말하고 있다. '우리는 결국, 한국인. 이 나라의 정책은, 근본은 유럽의 백인 문화를 강고하게 유지하려고 하고 있다. 이만큼 이민을 받아들이고 있으니까, 변하지 않으면 안 되는 것은 분명하나, 바꾸려고 하지 않는다.' '아이들의 장래도 문제군요. 이 나라는 노동시장이 작기 때문에, 대학을 나와도 좀처럼 일이 없다. 백인도, 오스트레일리아 등으로 자꾸자꾸 유출되고 있다. 한국인 이주자의 아이는 더 큰 일이고, 국내에 취직하는 것보다도, 대학을 나오면, 그 영어 실력을 살리고 한국으로 돌아가 취직하고 있는 케이스도 많다. 이민은 하나의 수단에 지나지 않을지도.'

뉴질랜드로의 한국계 이민자에 대하여, 여러 가지 의견이 나와 있다. 본국에 매달리지 않고, 세계로 나가야 한다고 하는 점에서, 또 어린이들의 미래를 위해서도, 뉴질랜드는 희망을 가질 수 있는 새로운 이민국이라고 말할 수 있다.

문헌〉

1) 정경수, 『세계의 한민족―뉴질랜드』(세계의 한민족 6), 통일원, 2005.
2) 야마모토 카호리, 「뉴질랜드 한국인 이민사회 조사 여행기」, 아이치현립대학교 외국어학부, Yahoo, 2015.

(2017.4.5)

제5장

하와이의
일본계, 한인 이민과
구미선교사

1. 일본계 외국인의 하와이 이민과 한인 이민의 조사

1_ 하와이로의 이민

19세기 후반부터 20세기 초반에 걸쳐, 남태평양 제도를 시작으로 포르투갈인, 노르웨이인, 중국인, 일본인, 필리핀인 등이 하와이로 건너갔다. 특히 지리적으로 가깝고 비용이 저렴했던 아시아로부터의 이민이 선호되어 중국인, 일본인, 필리핀인(미국에 병합되고 나서)이 급증했다.

일본인 노동자가 하와이로 간 것은, 정식으로는 1885년(메이지 18)부터이다. 하와이 왕국으로부터의 의뢰로 하와이 정부와 일본 정부와의 사이에 조약이 맺어져 일본으로부터 하와이로 이민자를 배웅했다. 이 정부 간의 조약에 의해서 하와이에 일하러 간 일본인 이민을 '관약 이민'이라고 한다.

초기 이민은, 독신자나 가족을 일본에 남겨둔 남성이 대부분 이었고, 고향에 금의 환향하는 것을 꿈꾸며 간 사람들이었다. 1885년부터 1900년까지 약 74,000명이 하와이로 건너갔다. 1894년(메이지 27) 이후는 왕국 정부가 소멸되었기 때문에, 이민 사업은 정부가 아니라 이민 회사가 실시하게 되었다.

사탕수수 농장에는 '루나'라고 불리는 현장 감독이 있었다. '루나' 중에는 몸집이 큰 포르투갈인이 많았는데, 백인 농장주와 노동자들을 중재하고 감독하는 일을 맡았다. 그들은 말을 타고 밭을 돌며 감시했다. 게으름을 피우고 있으면 고함을 치고 채찍을 휘두르는, 무서운 존재였던 것 같다. 문화도 인종도 다른 '루나'와는 의사소통도 성립되지 않고, 이민자들은 더운 날씨에 채찍에 쫓겨 계속해서 일만하는 날들이었다.

주거는, 일본인 캠프, 필리핀인 캠프와 같이, 각 민족별로 정리되어 있었다. 그러나 일본인의 주거는 돼지 오두막 같은 연립 주택인데, 포르투갈인이나 푸에르토리코인에게는 단독주택이 주어졌다. 급료 등의 대우에서도 차이가 있었다.

일본인 이민자들은, 당초 3년의 계약이 끝나면 일본으로 돌아가려고 생각했으나 현실적으로는 저임금 때문에 움직일 수 없게 되어 있었다.

맨손으로 일본으로 돌아갈 수도 없고, 그렇다고 해서 하와이에서는 돈을 벌수 있을 것 같지도 않았다. 그래서 하와이보다 임금의 조금 더 비싼 미국 본토로 건너간 사람이 나왔다. 또, 일본으로부터 직접 본토에 건너가는 것은 어려웠기 때문에, 우선 하와이에 오고 나서 미국 본토로 건너가는 사람도 증가하고 있었다. 최근에는 1900년부터 1907년까지를 일반적으로 '자유 이민 시대'라고 부르고 있다.

그러나 1907년에, 일본인이 하와이에서 본토로 건너가는 것이 미국 정부에 의해서 금지되었다. 사탕수수 산업은 저임금 노동자를 어떻게든 하와이에 머무르게 하고 싶었고, 미국 서해안의 배일주의자들은 더 이상 일본인 이민자가 상륙하는 것을 원하지 않았다. 이런 사정이 일본인의 미국 본토의 전항금지와 결합되었다.

다음 1908년(메이지 41)에는 미일 양국 간에 '신사협약'이 체결되어 신규 노동 이민을 일본 정부가 '자주 규제'하게 되었다. 이로 인해 하와이의 일본인은 일본으로 돌아올까 하와이에 스스로 머무를까 그 어느 쪽도 선택할 수 없게 되었다.

그런데도 '신사협약'은 이미 미국에서 살고 있는 일본인이 가족을 불러오는 것은 인정했다. 그 때문에 '초청'이라고 하는 형태로 도미하는 것은 가능했다.

2_ 이민자들의 생활

초기 일본인 이민자들은 하와이의 사탕수수 농장이나, 와이오밍주 몬태나주, 유타주 등의 광산 노동, 서부 각지의 철도 건설 등의 일을 주로 했다. 그 외에도 통조림 공장, 제염업 등의 일도 있었지만 모두 저임금 노동뿐이었다. 잎담배 제조, 제화,

의복 제조라고 하는 고임금의 직업은, 모두 유럽으로부터 건너온 선주 이민자들이 차지하고 있었다.

일본인 이민자들은 미국 본토의 항구에 도착하면 대부분 일본인이 경영하고 있던 싼 호텔에 묵으며 인부 공급 업자에게서 일을 할당받고 계절노동자로 일했다.

철도는 임금이 제일 쌌기 때문에, 처음에는 철도에서 일해도 점점 농업으로 이동해 갔다. 그리고 미국에 익숙해지면 조금이라도 좋은 조건을 요구하며 이동했다.

일본인 이민자가 농업을 하게 된 것은 몇 가지 요인이 있었다. 1세 대부분이 농가의 출신이었던 것이나, 탄광이나 철도에서의 노동력이 필요하지 않게 되었던 것들을 생각할 수 있다. 또, 결혼하고 가정을 가지기 위해서라는 이유도 있던 것 같다.

독신의 1세가 일본인 여성과 결혼하려면 신문기자나 무역상인, 또는 농민이 조건이었다. 그러한 직업이 아니면 결혼상대 여성에 대해 일본 정부가 여권을 발행해주지 않았기 때문이다. 그렇다고 해서, 교육을 받지 않았는데 신문기자나 무역상인이 될 수는 없었다. 그러나 농민이 되면 결혼할 수 있다면, 농업을 하려고 하는 것은 자연스런 일일 것이다.

미국에서 가정을 가지게 되면, 객지벌이를 목적으로 도미한 일본인 이민자도 정주를 목표로 하게 되었다. 번 돈으로 '고향에 금의환향한다'는 것은 아니라, 장사를 시작하거나 토지를 소유하게 되는 것이었다.

그러나 정주하려는 일본인 이민자들 앞에는 일본인 배척(배일)이라는 문제가 가로막혀 있었다.

3_ 한인 이민에 관한 조사

최근 까지 전쟁 전의 코리아계 이민에 관한 많은 자료는, 독립 운동의 전후에 발행된 신문이나 독립 운동가나 단체가 남긴 수기, 서간, 의사록 등 독립 운동에 관한 자료뿐이었다. 그 외에 하와이 설탕경주조합(HSPA)이나 감리교교단 등의 기독교회의 사료도 있으나, 신문이나 기관지 등의 1차 사료는 거의 남아있지 않은 상황이었다. 그 때문에 많은 연구는, 버니스 B.H. 김(1937년)의 석사 논문 '하와이의 코리안(The Koreans in Hawaii)'이 참고가 되었다. 이 논문은, 코리아계 이민 2세가, 1932년부터 1936년까지 건너간 이민자 60명(50 가족)을 인터뷰 조사한 것을 기초로 쓰인 논문이다.

또, 하와이 대학교 사회학부는, 시카고 대학교가 학생에게 에스노그래피(인종학)를 많이 쓰게 한 것처럼, 하와이 대학교도 학생에게 자기 민족 집단에 대한 에스노그래피를 쓰게 했다. 그 결과 코리아계 이민에 대해서는 일본계나 중국계에 비하면 훨씬 적은 양이지만, 코리아계 이민의 제2세대가 제1세대에 인터뷰하고 쓴 책이 있어 자료가 남겨지게 되었다(1940년대 전후로 하와이 대학교 전체에 100명 전후가 재적하고 있었다).

하지만 패터슨의 연구가 발표되고 나서, 한층 더 많은 자료가 발견되어 상황이 바뀌었다. 계기가 된 것은, 2003년에 개최된 이민 100주년제이다. 이민 100주년제 실행위원회는 코리아계 이민의 역사를 널리 알리는 사업에 힘을 쏟아 비디오 교재나 다큐멘터리 영화를 제작하고, 사진집이나 자료집을 출판했다. 이 때 실행위원회는 코리아계 이민자들에게 자료 제공을 호소하였고 이에 응답하는 형태로 개인이나 단체가 당시의 사진이나 여권, 신문 스크랩, 기관지 등을 기증했기 때문에, 지금까지는 입수가 곤란했던 다양한 자료가 모였다. 현재 이러한 자료는 하와이 대학교 코리안 연구센터 및 당시 이민 100주년 기념제 부위원장 덕희 L. 무라바야시가 소장하고 있다. (문헌 2)

4_ 한인 이민자의 하와이에서의 취급

진주만 공격을 받고 계엄령이 내려진 하와이에서는 '일본인' 이민사가 '적성 외국인'으로 분류되었으나, 여기서 말하는 '일본인' 이민자 속에는 한반도 출신자도 포함되었기 때문에, 한인계 이민자도 적성 외국인으로 분류되었다. 이에 대해 코리아계 이민자들은 조국 조선을 말하며 '일본인'이 아니라고 주장하며, 자신들은 '적성 외국인'이 아니고 '우호적 외국인'이라고 호소했다. 그러나 조국을 강조했던 계기가 전시하 협력과 민족 조화에 반하는 게재라고 보여, 한인계 이민자의 이야기는 '미국인'으로서의 자긍심과 애국심을 강조하는 이야기로 전환되지 않을 수 없게 되었던 것이다.

문헌〉

1) 「일본계 이민사: 하와이의 이민, 이민의 생활」, Abetomo Works.
2) 이리화, 「하와이 코리아계 이민의 전체성에 관한 역사 사회적 연구〈1903-1945〉」, 히토츠바시 대학 기관 리포지터리, 2011.

(2017.4.12)

2. 일본계 외국인의 사진결혼과 전쟁 신부

본고는 미국으로 건너간 한인과 일본인의 '사진 및 전쟁 신부'를 비교하는 목적으로, 주로 일본계 외국인에 대해 해설한 것이다. 한인의 사진신부에 관한 항목은 전편에 게재되어 있다.

1_ 미국으로 건너간 사진신부

전쟁 전의 미국에서도, 전후의 브라질에서도, 가족 이민의 경우와 달리, 독신으로 이주한 일본인 남성은, 이주국에서 결혼을 희망해도, 법적으로도 사회적·문화적으로도, 적절한 결혼상대를 찾아내는 것이 어려웠다. 독신의 일본 여성이 이주하는 것이 거의 허락되지 않았기 때문이다. 그래서 부모나 친척 지인의 도움을 받아 일본에 거주 중인 여성과 중매 사진을 교환했다. 더 나아가, 편지를 주고받게 되고, 본인과 양가의 합의를 얻을 수 있으면 혼인이 성립되었다. 신랑이 없는 채로 결혼식을 들 수 있어 신부가 신랑의 호적에 입적되었다. 그 후 신부는, 신랑의 집에서 수개월 보내는 경우도 많았고, 아내로서 남편의 곁으로 이주했다. 이것은 중매결혼의 변형이라고 할 수 있다.

우선, 전쟁 전의 미국에서의 신부 이민의 역사적 배경을 짧게 파악해 두자. 20세기 초반 미국에서는, 일본인의 노동 이민이 갑자기 증가함에 대하여, 시장에서의 경쟁을 경제적으로 두려워하거나 이질적인 가치와 문화를 가지는 집단에 불안을 느끼거나 하는 사람들이, 일본인 이민 배척 운동을 일으켰다. 일본 정부는, 일본인 이민이 법적으로 금지되는 것을 피하기 위해, 1908년에 미일신사협약을 체결하여, 일본으로부터의 노동 이민을 스스로 규제하는 정책을 취했다. 그러나 일본에 남겨진 처자에 대한 '초청 이민'은 규제 대상이 아니었기에, 사진신부가 이 시기에 갑자기 증가했다. 이번에는 늘어난 일본인 신부 이민이 일본인 이민 배척 운동의 타겟이 되었기 때문에, 1920년에 일본 정부는 신부 이민의 자주적인 규제를 단행했다(하와이를 제외하다). 금지될 때까지의 약 10년 동안, 미국 본토에는 약 1만 명, 하와이에는 약 2만 명의 일본인 여성이 신부로 도미했다.

사진결혼은, 일본인 이민이 전면적으로 금지된 1924년의 이민법 성립의 원인 중 하나라고 말해진다. 미국 본토에는, 결혼이란 남녀의 합의에 근거하는 연애결혼이라는 사회적 규범이 깊게 뿌리 박혀 있어, 사진결혼은 색다른 풍속으로 기이하게 여겨져, 일본인 이민 배척 운동에 이용되었던 것이다. 또, 많은 여성이 이주함에 따라 아이들이 태어나고 일본인 인구가 증가한 것에 대한 불안이나, '아내'로서 입국했음에도 불구하고 노동력이 되는 것에 대한 불만 등이, 배일 운동을 증폭시켰다.

한편, 일본인 이민 사회에 있어서는, 신부들은 노동력으로 또 가족 형성의 요소로서 큰 역할을 수행했다. 인종차별을 당하면서도 가세하여 곤궁과 중노동을 견뎌낸 여성들은 적극적으로 이민자로서의 인생을 열어갔다. 그리고 미국 국적을 가지는 아이들의 탄생이, 일본인 사회의 발전, 일본인 이민자의 미국 정주와 동화, 그리고 지위 향상을 가져오게 된다.

미국 본토와는 대조적으로, 하와이에서는, 사탕수수 플랜테이션(농장)이나 파인애플 농장의 노동력 부족을 보완한다는 점에서 신부는 오히려 환영받았다.

2_ 하와이의 사진결혼

일본계 이민 1세의 상당수는 단신으로 도미한 남성이었기 때문에, 재미 일본인 여성은 거의 없었다. 그러나 그들이 가정을 가지고 싶어도, 당시에는 백인이나 일본인 이외의 인종과 결혼하는 것은 생각할 수도 없었다(백인과의 결혼은, 법률로 금지되어 있었다). 그렇기 때문에, 일본계 1세가 결혼하기 위해서는 일본에서 여성을 데려올 수 밖에 없었다.

경제적으로 여유가 있는 사람은, 일본으로 돌아와 아내를 찾고 결혼한 다음, 부부 동반으로 재도미하는 '영처귀국'이라고 하는 방법을 택할 수 있었다.

그러나 많은 사람들은, 장기간 일을 쉬고 귀국하거나 미국과 일본을 왕복하거나 할 여유가 없었다. 또, 일본에서의 체류가 지연되면 징병에 걸릴 우려도 있었다. 게다가 1908년(메이지 41)의 '신사협약'에 의해, 일본에서 불러오는 가족 이외의 도미는 허가받지 못하게 되었다.

이러한 사정으로 '사진결혼'이라고 하는 방법이 고안되었다. '신사협약'에서도, 처대자가 일본으로부터 처자를 불러오는 것은 인정하는 것을 이용했던 것이다.

또 하와이에서도 '사진신부'가 도착하면, 미국 이민국에서 신랑 신부가 이민관의 참석하에 마주하고, 거수의 선서를 한 뒤에 신부의 상륙이 허가되었다. 이러한 결혼은 '부두 결혼'(Wharf Marriage)이라 불렸다.

그러나, 이 '사진결혼'은 1919년(타이쇼 8)에 금지되었다. 그래서 1세들이 결혼하기 위해서는 일본으로 일시 귀국해 결혼한 다음, 재도미하는 방법을 취할 수밖에 없었다.

그러나 이 방법도, 5년 후인 1924년(타이쇼 13)에는, '배일 이민법'이 시행되어 불가능하게 되었다. 이 이민법으로 일본으로부터의 이민은 완전히 금지되었으므로, '초청'도 할 수 없게 되었다.

그런데 결국, 일본인 이민자에게 미국 시민권은 부여되지 않았다. 그것뿐만 아니라, 일본인을 사탕수수 농장에 묶어 두기 위해, 일본인의 미국 대륙에의 도항을 금지하게 되었다. 게다가 미국에서의 일본인 차별이 심해지면서, 1908년에 미일 신사협정이 체결되어 일본인이 하와이로 도항하는 것도 원칙적으로 금지되었다. 이 사태에, 일본인 이빈사의 내부분이 하와이에서의 영주를 결의한다.

어차피 영주한다면, 일본인 아내를 맞이해서 가정을 가지고 싶다. 하지만, 미일 신사협정으로 일본인의 하와이 도항이 금지되었다. 결국, 일본인 여성을 아내로 맞이할 수 없게 되었다.

그러나 한 가지 방법이 있었다. 일본인 이민자의 친족이면 입국할 수 있었다. 그래서 일본인 이민자는, 고향에 자신의 사진을 보내, 신부를 모집했다. 그리고 이것을 승낙한 여성은, 본인을 만나기 전에 일본에서 호적에 이름을 올리고, 하와이에서 처음으로 남편과 대면하는 것이다. 이것을 사진신부라고 불렀다.

하와이로 이민해 간 것은 대부분이 남성이었다. 그러나 결혼하고 싶어도 여성이 없었다. 역시 고향의 일본인 여성을 신부로서 맞이하고 싶다면, 마지막으로 유일하게 남은 이민 방법으로 '초청 이민'을 이용한 것이, 사진신부(Picture Bride)의 시작이었던 것이다.

현실의 사진신부(초청 신부)는 어떤 것이었는가.

당시는 가난한 농촌의 아가씨들이 양도와 다름없이 봉공에 나와 있었던 시대였다. 나은 생활과 풍부한 생활을 꿈꾸고, 인가의 땅을 아직 한 번도 보지 못한 남성에게 시집간다. 사진 한 장으로 결정해 버리는 결혼. 그것이 사진신부였던 것이다.

지금에는 도저히 이해할 수 없는 시스템이지만, 결혼을 부모가 결정하고 있던 당시에는, 특별한 비난 받는 상황은 아니었다. 하지만, 신부가 필요해서 20년 전의 사진을 보내거나 다른 사람의 사진으로 속이는 이민자가 많아, 만나서 좌절 하는 신부도 속출했다고 한다.

3_ 하와이에서의 사진신부

결혼상대를 불러오는 방법은, 하와이에 정주한 사람이, 맞선 사진을 자기 고향의 지인들에게 보내고, 그들이 결혼상대를 찾아 주는 식의 방법이 취해졌다. 젊은 여성들이, 만난 적도 없는 남성에게, 단 한 장의 사진에 의지하여 오랜 시간이 걸리는 먼 길을, 부모의 시중드는 사람도 없이 나가는 것은, 몹시 불안했을 것이다.

당시 일본의 농촌은, 지주 제도가 확대 발전하여, 자작농의 소작농화가 진행되어, 잉여 노동력이 발생되었고 전반적으로 피폐해지고 있었다. 도시에도 농촌의 잉여 노동력을 흡수할 만한 노동시장이 없었고, 결국 많은 해외 이민자를 만든 배경이 되었다. 하와이를 포함한 미국으로의 이민의 제한이 초래되면서, 남미나 동남아시아로의 이민, 또 한반도나 만주 등 식민지에의 이주가 확장되어 갔다.

농촌의 아가씨들도 부모의 가계를 돕기 위해, 그리고 입을 덜기위해서, 열악한 노동 환경과 저임금의 방직 공장 등으로 객지벌이를 하러 가든지, 가정부로 고용되든지, 최악의 경우는 유녀 가계에 양도해야 하는 상황에 있었으므로, 하와이에서 성공하고 있는 것 같은 남성과 결혼하는 것은, 극빈으로부터의 탈출이라고 생각되고 있었을지도 모른다.

그러나 꿈과 현실과의 괴리는 큰 것이었다. 하와이에 도착해 보면, 젊고 믿음직한 듯이 보였던 사진과는 전혀 닮지 않은 중년의 궁상스러운 남성이, 그녀들을 기다리는 경우가 많이 있었던 것이다. 앞에서도 언급했으나, 사실은 빌린 옷으로 촬영하고, 부자처럼 가장하거나, 젊은 무렵의 사진을 보내거나, 아는 젊은 남자의 사진을 받아서, 그것을 자신이라고 속여 보내거나 하는 경우마저 있었던 것이다.

그녀들이 하와이에 입국할 수 있는 것은, 하와이 거주자의 아내인 것을 전제로 했고, 상대가 어쨌든 법적으로는 혼인 관계에 있었던 것이다. 그런데, 막상 같이 생활해 보면, 일본에서 들은 것과는 정반대로 궁핍 생활이었으며, 그 격차에 정신적으로도 타격을 받게 된다. 그리고 농장에서의 가혹한 노동이 기다리고 있었다. 사진신부 중에는, 처음으로 보는 남편에게 실망하고, 그대로 도망가 버리거나 이혼하는 사람도 있었으나, 많은 사람들은 체념하고, 고생을 받아드리고, 남편을 도와 많은 아이를 낳아, 그 아이들을 훌륭한 미국 시민으로 길러내게 된다.

이와 같이, 1924년의 이민 전면 금지까지 약 2만 명의 '사진신부'가 하와이에 도항했으며, 이것은 이민 규제로 태어난 현상이다. 1908~24년익 이른바 '초청 이민 시대'의 이민은 6만 1,000명이라고 말했으므로, 그 3분의 1이 '사진신부'였던 것이 된다.

코리아는 19010~1920년에 사진신부가 하와이로 건너갔으나 일본인보다 2년 늦은 것이 된다. 인원수도 900여 명으로 일본계 신부의 약 1/32에 상당한다.

4_ 하와이 사진신부의 고난

1907년에 일본으로부터의 이민을 원칙 금지하는 신사협정이 미일 간에 체결되어 1908년 이후 집단 이민의 시대는 마지막을 고했다.

가난하지만 신부를 갖고 싶은 이민 남성에게, 하와이의 남성과 결혼함으로써, 극빈상태에서 탈출하고 싶다고 생각하는 농촌의 여성이, 미래의 행복을 꿈꾸며 바다를 건너 하와이로 시집갔기 때문이었다.

그러나 일확천금을 꿈꾸었지만, 머나먼 땅에서의 이민 노동은 생각했던 것보다 가혹했다. 그리고 간단하게 깃발 하나 들고 고향 일본으로 돌아갈 수도 없고, 그대로 먼 이국땅에서 오로지 일만하고 있던 남성 곁으로 시집간 신부도, 똑같이 가혹한 노동에 매일 시달렸다.

5_ 전쟁 신부

제2차 세계대전에서 패전한 일본에는, 미군 병사들이 많이 주둔하고 있었다. 그 때문에, 미군 기지나 그 주변에서 일하는 일본 여성들에게는, 미군 병사와의 만남이 결코 드문 일은 아니었다. 주둔 미군 병사와 사랑에 빠져 결혼하고, 바다를 건너간 '전쟁 신부'(하와이에서는 '군인 신부')로 불리는 여성들. 전후, 1950년대 말까지 '전쟁 신부'로서 바다를 건넌 일본 여성의 수는, 3~4만 명에 이른다고 듣고 있다.

전쟁 신부의 상당수는, 전후의 혼란기에 가족을 부양하기 위해 미군 기지에서 일을 얻은 고학력의 여성들이었다. 국제결혼이 아직 드물었던 당시, 전쟁 신부는 호기심 어린 눈으로 볼 수 있거나 적국인과의 결혼이라고 하는 편견을 받기도 한 것 같다.

6_ 하와이의 일본계 사회와 일본계 2세 병사의 전쟁 신부(군인 신부)

하와이로 약 2,000명의 전쟁 신부가 이주했다. 하와이에서는 전쟁 신부를 '군인 신부'라고 불렸다. 당시의 하와이는 아직 미국의 준주였으나, 하와이에 신부의 입국에 임해서는, 똑같은 미국의 법률이 적용되었다.

하와이의 군인 신부의 상황은, 미국 본토의 경우와 크게 차이가 났다. 그것은 큰 일본계 사회가 존재하고 있었기 때문이다. 당시 하와이 인구의 약 3분의 1이 일본계 외국인(1세와 일본계 2세)이며 하와이 최대의 소수민족 그룹이 있었으므로, 그것을 반영하여, 하와이의 군인 신부 결혼상대의 대부분이 일본계 2세의 점령군 병사였다. 일본인 신부는 하와이 일본계 사회에서도 환영을 받았다. 그 외, 백인, 포르투갈계, 필리핀계, 중국계, 한국계와 결혼한 여성들도 있었다.

진주군으로 일본에 온 2세 병사들은, 부모의 고향을 방문하여, 친척의 도움으로 일본 여성과 맞선을 했다. 같은 고향의 여성과 결혼하는 경우, 양가 합의의 중매결혼과 다름없었다. 그 외, 많은 2세 병사는 다른 병사들과 같이, 미군기지, 군 관계의 회사, 미군을 상대하는 가게이나 레스토랑 등에서 일본 여성과 만나고 사랑에 빠졌다. 다른 인종의 병사들과의 결혼에 비하면, 하와이의 일본계 사회는 2세 병사와의 결혼에 대하여 너그러웠다. 또 이인종 간 결혼도 아니었기 때문에, 신부에 대한 업신여김도 보다 덜했다.

당시의 하와이는 백인이 정치·경제를 지배하는 사회였고, 군사기지 이외의 백인 인구는 소수파이며, 알로하 정신이라고 불리는 인종적 관용의 전통도 있어, 미국 본토와 같은 인종차별이 없었다. 하와이 최대의 민간인 인구를 차지하고 있던 일본계 외국인은, 자유롭게 일본계 사회를 형성하여 일본 문화를 구가할 수 있었다. 하와이의 군인 신부들은, 본토로 건너간 전쟁 신부와 같이 주류 사회로부터 동화의 압력을 받을 것도 없고, 이국풍인 신기한 존재라는 눈으로 봐지는 것도 없었다. 또 하와이의 일본계 사회는, 군인 신부를 일본 문화 전통의 새로운 계승자로 기대를 가지고 맞이한다고 하는 측면도 있었다. 왜냐하면, 2세는 미국인으로 성장하여, 1세와는 다른 가치관이나 문화를 갖고, 일본어보다 영어가 모어가 되어 있었기 때문에서였다. 전쟁 신부는 일본어를 사용하는 새로운 세대로서 일본어 학교나 일본어 방송국, 그리고 일본인 관광객이 증가하면서 관광 업계에서 씩씩하게 활약했다.

당시, 하와이에서 코리안과 일본인의 '사진신부'나 '전쟁 신부' 사이에 어떤 교류나 대립이 있었는지, 그러한 조사도 향후의 중요 과제가 된다.

문헌〉

1) 「바다를 건너간 신부 이야기」, JICA 요코하마 이주 해외 자료관 기획전 사이트.

(2017.4.11)

3. 한국에 기독교와 서양문화를 보급한
유럽과 미국 사람들

조선은 1885년에 미국과 수호 조약을 체결하여, 봉건사상으로부터 서구 사상으로 문을 열었다. 그와 동시에 기독교 선교 사업이 개시되어 1883년부터 1886년에 걸쳐 의사 세 명과 선교 목사 두 명이 초대 선교사로 입국했다. 우선 1883년 9월 20일에 미국 북장로교회의 언더우드(H. G. Underwood, 선교사), 아펜젤러(H. G. Appenzeller, 선교사), 알렌(H. N. Allen, 의사)가 함께 입국하고, 1885년 4월 9일에는 미국 북감리 교회 목사이며 목회 선교사이기도 한 스크랜턴(W. B. Scranton)이, 그 다음 달에는 그의 모친 메리 스크랜턴(Mary F. Scranton)이 입국했다.

1_ H. G. 언더우드(Horace Grant Underwood: 1859~1916)

1859년 7월 1일, 영국 런던에서 태어나 13세 때에 미국으로 이주했다. 1883년 11월, 장로교 목사가 되었고 1년간 인도에서의 선교를 위해 의학을 공부하면서 실력을 쌓았다. 1884년 7월 28일, 조선 최초의 장로교 선교사로 임명된다.(조선으로의 선교사를 지원하는 사람이 없었기에 최고의 학식을 가진 그가 스스로 신청했다.)

당시 조선은 개화파들이 일으킨 '갑신정변'으로 사회가 혼란스러웠기에, 이웃나라인 일본에서 머무르지 않으면 안 되었다. 일본에 머무르는 동안 마가복음을 번역한 조선인 이수정에게서 한국어를 배우면서 조선에서의 개신교 선교를 준비했다. 부활주일인 1885년 4월 5일, 감리교(Methodist) 교회 선교사 아펜젤러와 함께 인천으로 입국한 26세의 언더우드 선교사는, 아직 조선 정부로부터 선교 활동을 승낙 받지 못했기 때문에 조선 최초의 근대 병원인 제중원(서양 의료 선교사가 운영)에서 물러나 화학을 가르쳤다. 1885년 4월 5일, 새문안 교회를 설립했고 또 연희대학을 창립했다. 그 때에 쓴 시로 '보이지 않은 조선의 마음'이 있다.

주여 ! 이 순간, 아무것도 보이지 않습니다. 주는 우리를 맨몸으로 빈곤한 토지로 보내셨지만, 여기는 한 그루 나무마저 자라지 않습니다.

서울 양화진의 외국인 묘지에는 언더우드 가족 묘지가 있어, 4대에 걸쳐 릴리어스 부인을 포함해 모두 7명이 잠들어 있다. 초대 언더우드의 묘비는 조금이라도 한국 땅에 친숙하게 하려고 한국식 무덤으로 하였고, 한국명 '원두우'라고 표기했다. 현재, 미국에 거주하는 자손들이 1년에 한 번씩 이 묘지를 찾아온다고 한다.

2_ H. G. 아펜젤러(Henry Gerhaud Appenzeller: 1858~1902)

1858년 미국 펜실베니아주에서 태어나 대학 졸업 후, 신학교에 들어가 신학을 공부했다. 1885년, 감리교 목사가 되어 조선으로의 선교사로 임명된다. 아펜젤러가 아내 엘라 다지와 함께 인천에 도착한 것은 1885년 4월 5일이었다. 인천 내리교회를 시작으로 하는 많은 교회를 설립하였고, 국내를 여행하면서 복음을 전했다.

1902년, 성서 번역모임 건으로 전라남도 목포를 방문하고 있던 아펜젤러는 물에 빠진 소녀를 구조하려고 바다에 뛰어들었다가 익사했다(44세). 후에 서울 양화진의 외국인 묘지에 묻혔다.

딸인 앨리스 아펜젤러(1885~1950)는 조선에서 여성 교육에 진력을 다하여, 이화여자전문학교의 교장을 맡았다. 제2차 대전 중에는 출국을 피할 수 없게 되었으나, 대전 후에 한국으로 돌아와 서울에서 생을 마감했다. 양화진에 있는 부친 무덤의 근처에 매장돼 있다. 아들 헨리 아펜젤러(1889~1953)도 조선에서 교육 활동에 진력하여, 배재학당의 교장을 지냈다.

1) 아펜젤러 선교사와 정동제일교회

정동제일교회는 개신교가 한국에서 보급되기 시작했을 무렵 최초로 지어진 교회이다. 1885년, 아펜젤러는 배재학당을 설립한 후, 한국에서 처음으로 근대 교육을 시작했다. 또 예배를 위해 사용할 건물도 구입하여 벧엘 예배당이라고 칭해, 1887년에 최초의 예배를 실시했다. 교회의 신자가 증가하여 500명 수용 규모의 교회 건설이 필요하게 되었기 때문에 1895년에 공사가 시작되어, 1897년 12월 26일에 봉헌식을 가졌다. 이 건물은 현존하는 유일한 19세기의 교회이다. 소박한 건물의 정취가 있는 이 교회는 100년이 넘은 지금도 신자들에게 계속해서 사랑받고 있다.

3_ H. N. 알렌(Horace Newton Allen: 1858~1932)

1) 그 자라난 내력

호레이스 뉴턴 알렌은 조선에서 활동한 미국출신의 기독교 선교사·의사·외교관이다. 조선명으로는 안련이라 칭해졌다.

1858년 4월 23일, 오하이오주 델라웨어(Delaware, Ohio)에서 태어났다. 1881년 현지 오하이오 웨슬리인 대학교에서 이학사학위를 취득한 후, 신시내티 마이애미 의과대학(Miami Medical School)에서 의학을 공부하여 1883년에 졸업했다. 알렌의 희망에 의해 장로교 해외 선교 위원회로부터 중국으로의 선교사로 임명되었다.

2) 연세대학 교내에 복원된 광혜원

1년 후, 알렌은 조선의 미국 영사사관소속 의사로 조선으로 파견 되었다. 1884년

9월 20일, 알렌은 가족과 함께 조선에 도착하지만, 곧 갑신정변에 말려 들어가게 된다. 정변 중에, 국왕 고종 측근의 민영익이 찔려 부상당하는 사건이 발생하여, 독일 공사 메렌드르후는 알렌에게 민영익의 치료를 요청했다. 알렌이 행한 근대 의료에 의해 민영익은 3개월 만에 회복하게 되었고, 이 일로 인해 알렌은 고종의 신임을 얻게 되었다. 알렌은 근대 서양의학이 조선 사람들에게 큰 도움이 될 수 있다고 말해, 왕으로부터 자금과 지원을 받아 한성(서울)에 '광혜원'(곧 고종에 의해 '제중의원'으로 개명)을 설치했다. 이 병원은 조선의 첫 근대 의료 기관이며 현재 연세대학교 부속병원의 전신이 되었다. 알렌의 활동은 기독교에 대한 배척 정책을 취해 온 조선 왕조가 선교사의 입국을 허가하고, 전도나 학교·병원을 건설하는 활동을 허가할 방향으로 정책을 전환시키는 계기가 되었다.

조선에서 국왕과 정부와 친밀해진 알렌은 외교관으로서도 활동하게 되었다. 1887년, 조선 왕조가 보낸 최초의 방미 사절에 수행하여, 알렌은 워싱턴까지 다녀왔다. 1890년에는 주조 미국공사관의 서기관이 되어 1897년에는 주조미국 공사·총영사가 되었다. 조선의 첫 전력회사나 철도 회사의 설립이 미국 자본의 도입에 의해서 행해진 것은 알렌의 영향이 크다.

러일전쟁 중, 알렌은 미국정부의 불개입 정책을 적극적으로 비판했다. 그러나 이 행동은, 일본과 가쓰라·태프트 협정을 체결하여 상호 지배권을 확인한 미국 정부에게 기분 좋게 받아들여지지 않았다. 1905년에 알렌은 본국으로 소환되어 1932년 12월 11일, 오하이오주 토레도에서 생을 마감했다. 향년 74세.

4_ R. J. 토마스(Robert J. Thomas: 1840~1866)

영국의 런던선교협회(London Missionary Society)가 파견한 R. J. 토마스라고 하는 선교사가 있었다.

로버트 토마스는 1840년 9월 7일, 웨일즈의 리야다에서 회중교회 목사의 자녀로 태어난다. 젊은 신학생 시절에는 휴학, 퇴학, 복학 등의 무분별한 생활이었지만, 1863년 6월 4일, 철저한 신앙과 선교의 사명감을 가지고 고향 하노버 교회에서 목사 안수식을 받았다. 그리고 같은 해 7월 21일, 포르메이즈호에 부인과 함께 탑승해 중국 선교를 떠났다. 그러나 다음 해 3월 24일, 캐롤라인(Caroline) 부인이 먼저 세상을 떠나게 된다.

게다가 상하이 주재 책임자였던 무어 헬 선교사와의 불화까지 겹쳐 선교사를 사임하고 청나라 해상 세관의 통역으로 일하는 도중, 조선 대원군의 박해를 피해 중국으로 와 있던 조선인 천주교도들을 만난다. 그 후 토마스 선교사는 조선 선교를 결심하게 된다. 거듭되는 시련을 경험했으나, 그의 마음은 '한국 사람들에게 성서를!'이라는 사명에 불타고 있었다.

그래서 그는 1865년 9월, 조선의 서해안에 도착하여, 약 2개월 반 사이에 인근의 성진포, 석호정 등을 돌면서 조선어를 배우거나 1백 권 남짓의 성서를 나눠주거나 하면서 선교 활동을 시작했다. 당시의 성서는 당연히 한글 성서가 아니고 한문 성서였다. 한문을 모르는 일반인들은 성서를 읽는 것조차 할 수 없었다.

결혼한 지 얼마 안 된 아내가 선교지에서 임신 한 채로 사망한 난처한 상황과 선임 선교사와의 갈등으로 선교사직까지 내려놓은 절망적인 현실에서 헤매고 있었을 때 귓가에 들려 온 것은, 조선에는 아직 크리스천이 한 명도 없다고 하는 소식이었다. 이것은 토마스 목사의 마음에 선교에 대한 열정을 회복시키기에 충분했다.

1865년 9월, 그는 조선어를 배우기 위해 3개월 간 조선 땅에 머물면서 사명을 회복하게 된다.

1866년 1월에 8천여 명의 조선인 천주교도들이 박해를 받고 학살을 당했다. 또 그당시 조선에 머물고 있던 프랑스 선교사 12인 중 9인이 처형되었다. 박해를 받은 조선 천주교도 중에서 로마 교황에게 조선을 침략하여 우리들을 도와주세요 라는 편지를 쓴 사람도 있었으나, 이것도 발각되어 극심한 참상을 경험하게 되었다.

이 사건의 결과, 프랑스는 군함으로 조선을 쳐들어가 '병인양요'가 발발했다. 당시

독일인과 프랑스인들의 가증스런 약탈과 방화로 조선 정부는 서양인에 대해 극심한 혐오와 경계심을 가지게 되었다.

이 때, 선교사 자격을 상실한 토마스 목사는 박해를 받고 있는 조선에 입국하려고 여러모로 노력했다. 그리고 겨우 미 군함 제너럴셔먼호의 통역관으로서 임명되어 드디어 1866년 8월, 홍수에 의해 불어난 평양의 대동강을 따라 제너럴셔먼호를 타고 입국했다.

일본을 강압적으로 개항시킨 미국은 평양에 입성하면서 개항을 요구했는데 평양 사람들과 무력 충돌이 일어났고, 최신식 대포를 사용해 많은 조선인을 살상했다. 조선 군인들도 맹렬하게 반격을 펼쳐 썰물로 인해 침수 위기에 놓인 미 군함 제너럴셔먼호를 불태웠다. 배에 타고 있던 거의 대부분의 사람들이 익사 혹은 전사했고 소수 인원은 포로로 잡히게 되었다. 그 중에는 토마스 목사도 있었다.

1866년 토마스 선교사는 조선 평양 근교의 대동강 강변에서 27세라는 나이에 참수 되어 조선 최초의 개신교 선교사 순교자가 되었다.

5_ W. B. 스크랜턴(William Benton Scranton: 1856~1922)

스크랜턴은 조선의 기독교사에 큰 발자취를 남긴 선교 의사로 작은 의원을 열어 민중 속에서 활약한 '맨발의 의사'라고 전해진다. 1888년 12월, 서울 서대문 근처 에 있는 대한감리회, 아현교회를 창립. 1907년 6월, 22년간에 걸친 한국 선교사로의 일을 끝내고 일본으로 와 1922년 3월, 고베에서 사망했다. 향년 65세. 그 무덤은 현재 고베시립 외국인 묘지에 있다. 이 묘지는 아현교회가 1999년 6월 28일에 새로이 건립하였다.

어머니 메리 스크랜턴(1832~1909)은 1886년에 이화학당을 설립했다.

6_ 선교사에 의한 전도 활동의 성공

선교사들은 먼저 의료사업으로 국영 광혜원과 제중병원 등의 병원을 개원했다. 그 병원은 국왕, 양반뿐만이 아니라, 가난한 사람들도, 하나님의 사랑과 기독교의 봉사정신으로 차별 없이 치료했다. 한편 교육 사업이 최초로 시작된 것은 언더우드

H. G. 언더우드의 동상(연세대학교)

선교사와 아펜젤러 선교사에 의해서였다. 그들은 1885년 방신학교와 배재 학당을 창설하여 현대 개화 교육인 영어, 자연과학, 성서학 등을 가르쳤다. 기독교 선교의 방법은 아시아 각지에서 같았지만, 특히 한국의 선교가 복음 선교에 앞서 사회 봉사에 관심을 가진 것은 세계의 교회에 칭찬 받을 만한 것이다. 만약 봉건 제도 아래에서 성서에 의한 복음 선교가 먼저 개시되었다고 한다면 선교 사업은, 한국 민족의 유교적 토대가 되어 있는 조상에 대한 제사나 효심 사상에 의해 큰 공격을 받았을 것이다. 이 점을 생각한다면 초대 한국 선교사들은 한국의 전통 문화에 대하여 깊게 연구했다고 말할 수 있다.

문헌〉

1) 「헨리 아펜젤러」, Wikipedia, 2016.6.

(2017.4.21)

4. 미국인 선교사, 영국인 기자와 캐나다인 목사

이번에는 미국인 선교사 헐버트, 영국인 기자 베셀 그리고 캐나다의 영 목사에 대하여 연구를 하고 많은 감명을 받았기에 여기에 소개하기로 하였다.

1. 호머 헐버트(1863~1949) - 미국인 교사, 선교사
2. 어니스트 베텔(1872~1909) - 영국 신문기자

이 두 명은, '한국의 은인', '한국인보다 한국을 사랑한 외국인'이라고 칭해지고 있다.

1_ 호머 헐버트

1) 1863년 미국의 버몬트주에서 태어났다.

2) 1886년 서울의 왕립 영어 학교 교사로서 다른 세 명과 함께 초청 받아 5년간 근무.

3) 28세에 미국으로 돌아가 감리교 선교사로서 한국 재방문. 1903년 창설된 YMCA 초대회장이 된다.

4) 1905년 10월, 고종의 밀사로 도미하여 루즈벨트 대통령에게 외교적 지원을 호소한다.

5) 1907년 6월, 네덜란드 헤이그에서 열린 제2회 국제 평화회의에 다른 세 명과 함께 고종의 밀사로서 파견되어 여러 나라에 호소한다.

호머 헐버트 선교사

6) 1907년, 개성 교외에 있던 경천사 10층 석탑을 일본이 반출한 위법성을 미국

신문 등에 호소하여 일본을 비판했다. 10층 석탑은 1918년에 반환되어 서울의 경복궁에 놓여졌다. 1907년 5월, 일본 총독부에 의해 추방된다.

7) 한글을 좋아하였고 한글의 단어 간격을 형성하는 데 공헌했다. 최초의 한글 교과서를 만들었다.

8) 1940년, 이승만 전 대통령에 의해 한국으로 초대된다. 아내의 죽음으로 1년 뒤인 1949년 8월 5일, 한국을 재차 방문한다. 폐렴으로 한국에서 병사.

9) '나는 웨스트민스트 성당보다 한국의 땅에 묻히기를 바란다'라는 유언을 남겨, 서울 양화진 외국인 묘지에 매장된다.

10) 한국 정부로부터 독립훈장과 금관훈장을 수여 받았다.

1) 헐버트가 본 한민족의 특성(1904년경)

1) 이상과 현실이 적절히 조화를 이룬 합리적인 이상주의자가 많은 민족. 냉정함과 정열이 모두 갖춰져 있고, 평온한 가운데에서도 분노할 줄 안다.

2) 적응이 뛰어난 민족이며, 보수적이면서도 재빠르게 변신한다. 부싯돌과 성냥으로 예를 들면, 한민족은 금세 성냥을 사용한다.

3) 한민족은 인정이 풍부한 민족이다. 대립관계에 있어서도 상대를 의연히 접대한다.

4) 강한 자존심이 있다. 명문가 사람들은, 타인으로부터 돈을 잘 빌리려 하지 않고 차라리 굶어죽은 사람도 상당히 있었다. 한민족만큼 면목을 중요시 하는 민족은 없다.

5) 한민족의 진실성은 동양인의 모범에 이르고 있다. 동양인은 진실하지 않다고 말해지지만, 한인은 일에 실패해도 진실을 왜곡하거나 거짓말하지 않는다고 주장한다.

6) 파벌싸움의 폐해가 많다. 조선 말기 유능한 정치가 중에, 비명에 죽어간 이가

셀 수 없을 정도 많았다. 16세기 중엽부터 당파가 형성되어 피 흘리는 다름이 계속되어 한국의 역사를 읽기가 대단히 어렵다. 아무리 재능이 있고 선량한 정치가여도, 반대파는 그를 일격으로 넘어뜨리려고 한다. 그가 만약 두각을 나타낸다면 반대파의 모략은 한층 더 심해지고 파벌의식만이 증폭된다.

2) 한국이 발명한 문화유산(국제사회에 소개)

1) 조선왕조 태종 시대의 이동식 금속활자

2) 거북선이라고 칭하는 철갑선을 발명 – 임진왜란 때

3) 현수교를 세계에서 최초로 제조 – 1592년 임진왜란 당시 임진강에 조선군이 이 다리를 제작했다. 다리의 길이는 150야드로 12만 명의 명나라 군대와 조선군이 외군을 쫓아 이 다리를 건넜다.

4) 세계 최초로 폭탄을 제조 – 임진왜란 때

5) 한글(표음문자)을 창작. 한자가 조선 정부의 공식 용어이며, 관료들은 한글을 읽을 수 있는 것 자체를 입에 담지 않고 부정하고 있었다. 관료들의 한글 경시 태도를 헐버트는 안타깝게 생각했다.

그러나 헐버트는 이러한 훌륭한 발명품을 그 이상으로 발전시켜 활용하지 못하고 조선 사회가 사장시켰던 것에 대해 '한국의 위대한 발명을 가지고, 한민족을 칭찬할 수만은 없다'고 신문지상에서 해설하고 있다.

3) 한국인과 일본인의 차이

1) 한국인은 자연스럽고 단순한 사고를 가지고 있다. 서로를 믿으며 우호적이다. 그러나 이 25년간, 중국, 러시아, 일본으로부터 박해를 받았기에, 한국은 그 운명에 대해 아무도 간섭하지 않는 것을 바라고 있다.

2) 일본은 호전적이고 잔인하다. 자국의 이익을 위해서라면 타국민의 권리 등을 전면적으로 무시해 버린다. 또 타국과의 관계에 있어서도 명예를 존중하지 않고 진실성이 없다. 약속한 것도, 자기 유리하다고 판단하면 즉시 화제를 바꾸어 버린다.

3) 1905년 11월 17일, 강제로 을사조약을 맺었고, 한국에서 실시한 일본의 행위는 파괴적이었다.

4) 일본은 1905년 11월 이래, 군사용으로 쓰기 위해 조선의 방대한 토지를 시가의 8분의 1의 가격으로 매수했다. 또 250만 평의 토지를 군사용으로 채택해 일본의 상인들에게 배분한 적도 있었다.

만약, 조선의 지주가 일본의 요구를 거부한다면 지주는 일본군 막사로 연행되어 얻어맞았다. 영국인이나 미국인의 토지에도 일본인이 침입했지만 저항할 수 없었다. 만일 항의하면, 곧바로 그 외국인 아래에서 일하는 하인들이 일본인에게 연행되어 얻어맞았다.

5) 한국인을 타락시키는 일본.

일본은 한국에서 모르핀이나 마약 등을 공공연하게 판매했다. 다수의 일본인 하층계급 여성들을 데려와서 한국의 젊은이들을 타락시켰다.

일본 관헌들의 부패에 의한 약탈은 꽤 심했다. 일본에서 금지하고 있는 아편 판매나 도박은 이 나라에서는 만연하고 있었다.

'만약 서구 열강이 한국을 방치한다면, 일본이 행한 범죄행위에 의해 한국은 죽음으로 내몰려 버릴 것이다'(Japan's great crime, if uncontrolled by the Powers, will result in the death of Corea)
　　　　　　　　　　　　　　　　　　　　　- New York Herald, 1907년 7월 22일

라고 헐버트는 말하고 있다.

2_ 어니스트 베텔

1) 1872년 11월 3일, 영국 브리스톨에서 태어났다.

2) 1904년, 러일전쟁 당시 런던 데일리 뉴스의 특파원으로 와, 한국에서 '대한매일신보'와 '코리아 데일리 뉴스'를 창간

어니스트 베텔 기자

3) 대한매일신보를 통해 한국민의 울분을 대변하여 반일 논조를 전개

4) 경천사 10층 석탑을 일본으로 반출한 내용을, 1907년 6월 2일자 워싱턴 포스트에 게재하여 일본을 비판했다.

5) 1907년, 치안방해 죄로, 서울의 영국 영사법정에 기소되어 6개월의 근신형과 3주일의 금고형에 처해지게 되고, 이후 상하이로 연행된다.

6) 상하이에서 석방된 후 서울로 돌아온다.

7) 쇠약해진 몸과 심장비대증으로 인해, 1909년 5월 1일, 37세로 사망한다.

8) '내가 죽어도 대한매일신보를 영원히 존속시켜, 한국 민족을 구제하라'는 유언을 남겼다.

9) 서울의 양화진 외국인 묘지에 매장된다. 1910년 장 씨가 쓴 추도문의 묘비를 일제가 도끼와 망치로 모두 파괴했다.

10) 1964년 한국의 언론 사람들은 원래의 비문을 새긴 묘석을 그 근처에 재건.

11) 2012년의 추도식. 베셀을 위한 특별한 추도식이 외국인 묘지에서 개최된다. 한국 전수상을 비롯하여 영국 대사, 대한독립군기 선양회 합창단 등 약 250명이 식전에 참가했다. 이명박 전 대통령이 헌화했으며 독립공로자로서 건국훈장, 대통령장이 수여되었다.

3_ L. L. 영 목사

1) 영(Lither Lisger Young)은 1875년, 캐나다에서 태어났다.

2) 대학교에서 신학을 공부한 후 캐나다 장로교회 선교사로서 조선으로 건너간다. 함흥, 성진, 원산 등에서 오토바이를 타고 다니며 선교 활동을 실시했다. 영은 21년간에 걸친 조선에서의 선교 활동을 끝내고, 1927년 10월 1일, 요코하마로 왔다.

3) 일본에서는 고베를 거점으로 하여 북쪽은 사할린으로부터 남쪽은 큐슈까지 재일 조선인을 위해서 선교 활동을 실시한다.

4) 일제시대 일본 기독교회와의 합동 신사참배 문제 등의 파문으로 1940년 12월 10일, 일본을 출발하여 밴쿠버로 돌아간다.

5) 제2차 세계대전 후인 1949년 2월 11일, 다시 일본을 방문한다. 74세를 일기로 1950년 2월 21일 밤, 일본에서 사망한다. 고베 시립 외국인 묘지에 매장된다. 장례는 재일본 대한기독교 총회장으로 거행된다. 오사카 북부 교회의 문종수 목사는 영 선교사에게 지도받아 1939년 3월까지 목회 활동을 실시했다.

문헌〉

1) "Homer Hulbert", Wikipedia, 2016.
2) 「서거 65주기 맞는 '파란 눈의 한국 魂 헐버트'」, 매일종교신문, 2014.
3) "Ernest Bethell", Wikipedia, 2016.
4) 김동진, 『파란눈의 한국혼 헐버트』 참좋은친구(서울), 2010.
5) 토비타 유이치, 『현장을 걷는다, 현장을 쓰다 - 일본 코리아 기독교』, 강요출판, 2006.

(2017.4.3)

저자 강건영(姜健榮)

1938년 9월생. 도호쿠대학(東北大学) 의학부 졸업. 동대학원 수료 내과학 전공, 의학박사.
제1회 일·미 암협력 사업 미국 파견 연구자, 오사카 대암(対癌) 협회 조성금 수여.
미국 츄렌 대학 의학부 부교수. 가톨릭의대 부교수. 미국 앨라배마주 헌트빌 명예시민.
전남 영광군수 · 제주도 자연사 박물관장 감사패. 재일의사회 간사이지부 전 회장.
한반도 유래의 문화재 연구 관서지부 실행위원장.
현재, 대동 클리닉 이사장.

주된 저서: 수필집 6편, 시집 5편, 저서 17권.

「의학 논문집(1)」, 「신 내과학 체계」 및 「신 내과학」 분담 집필.
「일본의 개호 보험과 재일사회」(ANC사, 2001), 「일본의 개호 보험 2001」(서울: 의학
신문사, 2001), 「일본의 의료·개호보험·NPO 연구」(서울: 밀사, 2004)
「동아시아의 결핵과 일본의 의료·의약 분업」(ANC사, 2004)
「범종을 찾아서」(ANC사, 1999)
「이조의 미-불화와 범종」(아카시 서점, 2001)
「고려 불화」(ANC사, 2002)
「현대사에서 배우다」(ANC사, 2003)
「개화파 리더들의 일본 망명」(슈초사, 2006)
「석면(asbestos) 공해와 암 발생」(슈초사, 2006)
「꿈과 정으로의 여행 - 수필 63편」(오사카 서적, 2007)
「근대조선의 그림」(슈초사, 2009)
「치매증과 양로원」(쓰치다 계획인쇄, 2010)

「치매증과 양로원 – 부록·수필28편」(밀알기획, 서울, 2011)

「이조도자기와 도공들」(슈초사, 2012)

「중국, 중앙아시아, 극동러시아 기행」(슈초사, 2014)

「하와이, 멕시코, 남미로의 한인이민」(강요출판, 2016)

문화활동(1988~2017)

1) 유학자 강항(姜沆)의 현창비. 1990년 사무국장으로 재직 시 四国愛媛県大洲市에 건립.

2) 蔚山박물관에서 고려범종(高麗梵鐘) 正祐寺鐘을 1년간 전시하고 반환운동 전개.

3) 일본각지의 사원을 방문하여 興正寺仏画(名古屋)를 비롯한 고려시대의 불화를 조사.

4) 일본의 국립병원 재직 시와 미국 유학 시절, 석면공해와 발암에 관한 연구.

5) 일본에서 근대조선의 회화에 대한 조사와 연구.

6) 大阪, 東京, 德島市, 阿南市에서 화가 加藤松林人의 개인전을 개최하고, 제주도에 병풍화(屏風画)를 기증.

7) 九州佐賀県唐津市에서 도공 13대 후손 中里紀元 씨를 만남. 이조 도자기에 대한 연구.

8) 개화파 리더 金玉均, 朴泳孝, 徐載弼에 대해 연구하고, 공주, 남양주, 보성, 도쿄 青山, 미국 등에 있는 그들의 묘지와 기념비를 방문.

9) 안중근 의사에 관련하여 宮城県大林寺, 하얼빈 기념관과 兆麟공원을 방문.

10) 노신(魯迅)문학에 대한 연구. 일본 仙台에 있는 노신의 동상과 上海의 기념관을 관람.

11) 「중국, 중앙아시아, 극동 러시아 기행」 일어와 한국어로 기행문을 출판.

12) 하얼빈과 광주를 방문하여 음악가 정율성 기념관과 탄생지 기념비를 관람.

13) 「한반도에 기독교와 서구문화를 보급한 서양 선교사들」 – 大阪西成教会에서 보고.

14) 전쟁 전, 가토 쇼린진(加藤松林人)화백이 그린 경남 통도사와 금강산의 사원화를 소개.

15) 「한반도 유래의 문화재를 생각하는 간사이 국제 워크숍」(2016~2017) 실행 위원장, 「대덕사에 있는 한반도 유래의 문화재」 「유학자 강항과 후지와라 세이가의 교류」 보고.

16) 「하와이, 멕시코, 남미에의 한인 이민」 – 이민사 출판(일어), 2016.12.